La teología de la Salsa

La teología de la Salsa

Rumba, postmodernidad y Evangelio

Por Pablo A. Jiménez

Prólogo por Tony Vega

ST. LOUIS, MISSOURI

© 2008 Pablo A. Jiménez
P.O. Box 24
Vega Alta, PR 00692

Esta es una publicación de Pablo A. Jiménez, autor de la obra quien se reserva todos los derechos de publicación y reproducción de todos estos materiales. El diseño de la portada ha sido hecho Luis M. Deprat. El diseño interior del libro ha sido hecho por Elizabeth Wright.

Queda prohibida la reproducción total o parcial de esta obra sin la debida autorización de su autor. Para solicitar los permisos correspondientes, contacte a Pablo A. Jiménez, escribiendo a la siguiente dirección electrónica: revpablojimenez@aol.com.

Las citas bíblicas son de la versión Reina-Valera, ©Revisión del 1995, Sociedades Bíblicas Unidas.

ISBN: 978-1-60350-002-9

Published by Lucas Park Books
www.lucasparkbooks.com

Impreso en los Estados Unidos

Rev. Dr. Pablo A. Jiménez
Datos Biográficos

Pablo A. Jiménez es un ministro ordenado de la *Iglesia Cristiana (Discípulos de Cristo) [ICDC]*. Nacido en la ciudad de New York, se crió en Puerto Rico. Llegó a la fe a los quince años, en la *ICDC en Sierra Linda,* Bayamón, Puerto Rico. Predicó su primer sermón a los 16 años, fecha desde la cual se ha mantenido activo en el púlpito. Pablo tiene un Bachillerato en Artes con concentración en Francés de la *Universidad de Puerto Rico,* una Maestría en Divinidad del *Seminario Evangélico de Puerto Rico,* una Maestría en Sagrada Teología del *Christian Theological Seminary* en Indianápolis, IN y un Doctorado en Ministerio de *Columbia Theological Seminary* en Decatur, GA.

El Dr. Jiménez ha servido como pastor de la *ICDC en el Bo. Sonadora* de Guaynabo, PR; como director del *Instituto Bíblico «Rev. Juan Figueroa Umpierre»* de la *ICDC en Puerto Rico*; como Director Ejecutivo de la *Asociación para la Educación Teológica Hispana* (AETH); y como Administrador del *Programa Hispano de Verano.* También ha servido como profesor de predicación a tiempo completo en el *Seminario Bíblico Latinoamericano* en San José, Costa Rica y en el *Episcopal Theological Seminary of the Southwest,* en Austin, TX. Además, ha ofrecido cursos de predicación en varias escuelas teológicas, tales como el *Seminario Evangélico de Puerto Rico, Austin Presbyterian Theological Seminary, Northern Baptist Theological Seminary, Princeton Theological Seminary* (a través del *Programa Hispano de Verano*), *Seminario Sudamericano* (SEMISUD), *San Francisco Theological Seminary* (Claremont Extension) y el *Florida Center for Theological Studies* (Orlando Extension). Pablo ha predicado y enseñado en varios países, tales como Canadá, Colombia, Costa Rica, Ecuador, Guatemala, Haití, Honduras, Jamaica, México, Nicaragua, República Dominicana y Venezuela, entre otros.

Del 1ro de enero de 2000 hasta el 31 de julio de 2005, Pablo sirvió como el *Pastor Nacional para Ministerios Hispanos* de la *ICDC en los Estados Unidos y Canadá*. Del 1ro de agosto de 2005 al 31 de agosto de 2006, sirvió como editor de *Chalice Press*, una de las líneas de libros que mercadea el *Christian Board of Publication*. Desde el 4 de agosto de 2006, Pablo sirve como pastor de la *Iglesia Cristiana (Discípulos de Cristo)* en el Barrio Espinosa de Dorado, Puerto Rico. Está casado con Glorimar y tiene tres hijos, Antonio José, Paola Margarita y Natalia Isabel.

Tony Vega
Datos biográficos

Tony Vega nació en Salinas, Puerto Rico, el 13 de julio de 1957. Es una de las figuras más importantes de la música tropical contemporánea. En la década de los 70, cantó con la Orquesta La Selecta, de Raphy Levitt. De ahí pasó a cantar con la Orquesta del maestro Willie Rosario, con quien estuvo por casi 10 años. Buscando nuevos horizontes, se trasladó a Nueva York, donde cantó con las orquestas de Louis Ramírez y de Eddie Palmieri. Estas experiencias le dieron exposición internacional.

En el 1988 Tony comienza una nueva etapa en su carrera, esta vez como solista. Así comenzó toda una serie de nuevos éxitos, entre los que destacan «*Yo me quedo*», «*Lo mío es amor*» y «*Ella*». Siendo artista del sello RMM, también participó en importantes grabaciones tales como «La Combinación Perfecta» y el disco número 100 de Tito Puente.

Tony llegó a la fe cristiana a mediados de la década de los noventa. En el 2005 lanzó su primer disco de música sacra, titulado «*Que tire la piedra*». Durante todo este tiempo, ha dado un excelente testimonio de su fe. Oramos a Dios pidiendo que le bendiga y le deseamos éxito en esta nueva etapa de su carrera.

Dedicatoria

Dedico este libro a todos los salseros que han encontrado en la fe de Jesucristo, el bálsamo necesario para curar sus heridas. Que Dios les bendiga mucho y siempre.

Tabla de contenido

Datos biográficos del Rev. Pablo A. Jiménez

Datos biográficos de Tony Vega

Dedicatoria

Tabla de contenido

Prólogo   x

Introducción   1

1. ¡Qué rico el mambo!   10
2. Perico todavía es sordo   18
3. ¡Swing!   24
4. Juan Pachanga va a la Iglesia   31
5. Auditorio azul: Sobre la Salsa cristiana   38
6. Pa' que afinquen   45
7. Quítate la máscara   51
8. Mantequita caliente   57
9. ¿Vamos bien?   66
10. El Rey del timbal   71
11. Cuando me digas sí   77
12. ¿Qué te pedí?   87
13. Salsa, religión y cultura: A manera de conclusión   94

Bibliografía selecta   104

Notas   106

Prólogo

Mi nombre es Tony Vega y soy cantante de música Salsa—«salsero de la mata»—y le doy gracias a Dios por haberme dado el privilegio de conocer y compartir con los mejores exponentes de este género.

Como cristiano que ama la salsa pude encontrar en este libro, expuesto de manera muy sencilla pero certera, como el doctor Pablo A. Jiménez pone sobre la mesa el sentir y el proceso de transición por el cual pasamos nosotros los salseros al venir al evangelio de Cristo. Recomiendo este libro con alegría y de seguro se lo recomendaré a mis hermanos en Cristo para que puedan entender el sentir de los que venimos de este mundo de la Salsa y puedan tener la misma misericordia que tuvo Jesús para con nosotros. Lo recomendaré también a mis compañeros salseros, porque es un libro que presenta el evangelio a través de las canciones conocidas por nosotros los salseros. El Dr. Jiménez las enlaza con la palabra de Dios.

Le expreso mi gratitud al Dr. Jiménez, porque los salseros somos un grupo que a veces nos sentimos como el "jamón del sandwich", ya que nos ataca el mundo secular y nos atacan nuestros propios hermanos en Cristo. A la misma vez, doy gracias a mi Cristo Jesús que nos ama, nos entiende y nos recibe tal y como somos. A Él sea toda la gloria.

TONY VEGA
Cantante

Introducción

Mi abuelo, Don Lorenzo Rojas, era hijo de una esclava liberta. Un nombre alto, de piel oscura y de ojos verdes, fue el patriarca de nuestra familia. Don Lorenzo creció y se convirtió en un obrero de la industria de la construcción. Desgraciadamente, también se convirtió en un alcohólico que se amanecía tomando licor por las calles de Río Piedras, Puerto Rico. Su camino hacia la autodestrucción se interrumpió cuando abrazó la fe cristiana. Don Lorenzo tuvo una conversión radical que le llevó a dedicar el resto de su vida al estudio de la Biblia.

El Don Lorenzo que yo conocí era un hombre serio y austero, que hablaba de su pasado con dolor y arrepentimiento. Su disciplina espiritual era tal, que apenas veía televisión o escuchaba la radio. Su vida estaba dedicada a las cosas de Dios, no a las cosas del mundo.

A pesar de esto, Don Lorenzo fue un abuelo amoroso que acostumbraba sentarme en sus rodillas y balancearme al son de una tonadilla que decía: «Abbá Kumbá, Abbá Kumbá». Como yo era pequeño y mi abuelo era tan fuerte, jugamos este juego hasta que alcancé los siete u ocho años.

Recuerdo, pues, que un buen día le pregunté a Don Lorenzo qué significaba la frase «Abbá Kumbá». El me contestó que no sabía. Me dijo que había aprendido la canción de cuna en su niñez, en la costa sur de Puerto Rico, en los bailes donde los descendientes de los esclavos africanos tocaban tambores, bailaban y cantaban en lenguajes extraños.

Don Lorenzo murió cuando yo tenía nueve años. Poco tiempo después, mi tío Carlos comenzó a enseñarme cómo tocar percusión latina. Tocar un tambor fue algo natural. Sentía como si volviera a casa; como si estuviera en el regazo de mi abuelo. Los ritmos latinos resonaban con algo que llevaba por dentro, en mi mente y en mi corazón.

Después de tocar «de oído» por un tiempo, comencé a estudiar percusión en el Instituto Musical de la Iglesia Cristiana (Discípulos de Cristo) en la Calle Comerío, en la ciudad de Bayamón, Puerto Rico. Mi maestro me recomendó toda una serie de libros y grabaciones. Una de las grabaciones demostraba cómo tocar el guaguancó tradicional cubano usando tres tambores, cada uno tocado por un músico distinto. Cuál fue mi sorpresa al escuchar la tumbadora—el tambor con el sonido más grave—tocando una frase musical idéntica a la canción de cuna que me enseñó mi abuelo: «Abbá Kumbá, Abbá Kumbá».

Sin saberlo, mi abuelo fue quien me enseñó la base rítmica de la música afro-cubana. Tocar un tambor para mi era algo natural porque yo había aprendido las bases del ritmo y de la «clave» cuando era un niño que se balanceaba en las rodillas de su abuelo.

Mi primer instrumento fue el timbal. Me fascinaba este instrumento, que se toca con palos en lugar de las manos. Sin embargo, también aprendí a tocar las tumbadoras, el bongó y la percusión menor caribeña. A los quince años yo era un percusionista latino completo.

A los quince años yo también tuve una experiencia de conversión que me llevó a reconocer a Jesucristo como Señor y salvador. Al igual que mi abuelo, mi conversión me alejó de las «cosas del mundo», entre las cuales se encontraba la música latina. Por aproximadamente tres años tuve mi timbal desarmado en un rincón del armario de mi cuarto. Durante este tiempo, no compré un solo disco de música tropical, ni escuché radio, ni vi programas de televisión donde se hablara de música tropical.

Mi tiempo lejos de la rumba fue de gran beneficio para mí. Pude concentrarme en los cambios que tenía que hacer en mi vida, alejándome del ambiente que glorificaba el abuso del alcohol. Doy gracias a Dios por este tiempo donde mi alma y mi cuerpo pudieron limpiarse del alcoholismo, la maldición de mi familia materna.

El problema que presentó mi conversión al evangelio fue cómo integrar mi experiencia musical con mi experiencia religiosa. La Iglesia me decía que el ritmo que yo llevaba en las venas era «del mundo». Esto me causó gran confusión, dado que me daba a entender que una parte de mi

4 *La teología de la Salsa*

ser era incompatible con la otra. Tenía que escoger entre la rumba y la cruz.

Sin embargo, el hecho es que los seres humanos necesitamos integrar los diversos elementos que forman parte de nuestra historia para poder alcanzar la salud mental. Las personalidades fragmentadas son personalidades enfermas. Yo soy Pablo Antonio Jiménez Rojas, el nieto de Don Lorenzo Rojas y el sobrino de Carlos Alfredo Rojas Labrador. Yo soy un ministro evangélico que se siente en casa tanto cuando estudio un pasaje del Evangelio en griego como cuando toco un son montuno en mis tumbadoras. ¿Cómo se pueden integrar estos elementos tan diferentes y, aparentemente, contradictorios? En gran medida, esa es la pregunta clave que me ha llevado a escribir este libro.

Propósito del libro

El libro que usted tiene en sus manos es un testimonio de fe. Los ensayos que aparecen a continuación mezclan referencias a la música tropical y a la teología cristiana. Los escribí originalmente para mí mismo, buscando integrar estos elementos, aparentemente tan disímiles, que forman e informan quién soy. Los publico porque en el camino los he compartido con varias personas que, al igual que yo, están tratando de integrar su fe, con el análisis de la sociedad y con elementos de la cultura popular antillana. Como dice la dedicatoria, publico este libro para compartir algunas reflexiones sobre la fe con todas aquellas personas que desean integrar su experiencia musical con su experiencia de fe.

Todos los ensayos que usted leerá a continuación siguen una metodología similar. Toman como punto de partida una canción popular, preferiblemente del género de la música tropical que se conoce como la «Salsa». El ensayo explora la letra de la canción, buscando lo que dice sobre la vida, los valores y la fe de nuestro pueblo. De ahí, el ensayo pasa a comentar las ideas que presenta la canción a la luz de la Biblia y de la teología cristiana.

Los ensayos también narran distintos episodios de mi vida y de la historia de mi familia materna. En este sentido, cada uno de estos escritos entrelaza referencias a la música tropical, análisis bíblico, ideas teológicas, referencias biográficas y comentarios sobre la sociedad actual. Podemos decir que son «sermones» que, en lugar de tomar como base un texto bíblico, analizan el «texto» de canciones populares.

Debo aclarar que yo soy un ministro ordenado de la Iglesia Cristiana (Discípulos de Cristo). Por lo tanto, la perspectiva de este libro es protestante y evangélica. En ocasiones, los ensayos llamarán a sus lectores y a sus lectoras a analizar sus propias vidas. Mi meta es que cada persona que lea uno de estos escritos pueda establecer, renovar o profundizar su relación con Dios, por medio de Jesucristo, en el poder del Espíritu Santo.

Contenido del libro

Este libro contiene doce ensayos, algunos de los cuales han sido publicados previamente. El primero se titula «¡*Qué rico el mambo!*» y explora los comienzos de ese género musical. En particular, comenta la canción del mismo título que popularizó Beny Moré acompañado por la orquesta de Dámaso Pérez Prado. El segundo ensayo se titula «*Perico todavía es sordo*» y se refiere a la canción titulada «*Perico*» que inmortalizó Ismael «Maelo» Rivera acompañado por el Combo de Rafael Cortijo. Ambos artículos fueron publicados en la revista *Presencia*, que editaba el Seminario Evangélico de Puerto Rico, el primero en el año 1998 y el segundo en el 1999.

El tercer artículo se titula «*Swing!*» y se refiere a una canción grabada por El Gran Combo de Puerto Rico, dirigido por Rafael Ithier, y cantada por Andy Montañez. El cuarto se titula «*Juan Pachanga va a la iglesia*» y hace referencia a la famosa canción del cantante y autor panameño Rubén Blades. Este artículo también fue publicado en la revista *Presencia*, esta vez en el año 2000.

El quinto ensayo recuerda a Marvin Santiago, el sonero del pueblo, que grabó la canción «*Auditorio Azul*», escrita por Catalino «Tite» Curet Alonso. El sexto ensayo también habla de una canción escrita por Curet Alonso, titulada «*Pa' que afinquen*», y grabada por José «Cheo» Feliciano. El séptimo nos lleva a considerar la canción «*Quítate la máscara*», popularizada por la Orquesta de Ray Barreto en la voz de Adalberto Santiago. El octavo retorna al pasado para comentar una canción grabada por Tito Rodríguez y su orquesta, la picaresca «Mantequita caliente». El noveno ensayo regresa a la música del Gran Combo. Recuerda una de las canciones grabadas por «Pellín» Rodríguez. Este escrito me trae muchos recuerdos agridulces, dado que la esposa de Pellín fue compañera de trabajo de mi madre.

El décimo ensayo habla sobre Ernesto «Tito» Puente, mejor conocido como *El rey del timbal*. Para mí, este es quizás el escrito más importante de todo el libro. El mismo define y resume mi lucha interna: seguir a Tito Puente, el Rey del Timbal, o seguir a Jesús de Nazaret, el Rey de Reyes y Señor de Señores.

Los últimos ensayos comentan dos boleros grabados por gigantes de la «Salsa». *«Si algún día te vas»* es un bolero cantado por Bobby Cruz, acompañado por la orquesta de Ricardo "Richie" Ray. «¿Qué te pedí?» es el título de un bolero popularizado por Lupe Victoria Yolí Raymond, mejor conocida como «La Lupe».

El libro termina con un ensayo titulado *«Salsa, religión y cultura»* y con una corta bibliografía selecta.

En términos generales, este libro está escrito en un lenguaje sencillo y en tono coloquial. Sólo la conclusión se aparta un poco de este estilo,

8 *La teología de la Salsa*

ofreciendo algunas referencias bibliográficas para aquellas personas interesadas en continuar su estudio del tema.

Termino esta introducción indicando que la mayor parte de las canciones a las que hago referencia en este libro están disponibles en las tiendas que venden discos, particularmente en la sección para coleccionistas, y en el Internet. Si le interesa acceder a estas referencias, vea la información relacionada con este libro que aparece en www.predicar.org, mi portal electrónico.

Mi familia materna

Este libro es diferente a todos los demás que he escrito hasta ahora. Yo nunca antes había escrito material tan biográfico, que ofreciera tantos detalles sobre mi vida personal y familiar.

Debo comenzar, pues, dándole las gracias a mi madre, Sabina Rojas Labrador, por darme la vida. También le doy gracias a mi abuela, la diminuta Adela Labrador. Doña Adela, a quien yo apodé «Unga» sin razón alguna, fue mi mejor maestra en esta disciplina que se llama la vida. «Mamina» también me enseñó a amar a Dios sobre todas las cosas. Ambas ya moran con el Señor.

Además, le doy las gracias a mi tío Carlos, quien me enseñó a tocar instrumentos de percusión latina y también me presentó el mensaje de Jesucristo. Carlos, espero que algún día vuelvas a la fe.

El espacio no me permite darle las gracias al resto de mi familia. Baste mencionar a Olga, a Luis, a Nydia, a Marta, a Felícita (Conchie), a José Antonio

(Tan) y a Humberto. Tampoco tengo el espacio para hacerle justicia a otras tantas personas que han guiado mi peregrinar por los caminos de la fe.

Reconocimientos

La publicación de este libro se debe a la colaboración de varias personas a las que deseo expresar mi aprecio y respeto. En primer lugar, deseo darle las gracias a Tony Vega por acceder a escribir el prólogo de este libro y a Charlie Hernández por ponerme en contacto con Tony. Es un verdadero honor contar con el respaldo de una persona que comparte tanto la pasión por la música tropical como la fe de Jesucristo.

Segundo, Luis M. Deprat, mi primo, fue quien me animó a compilar estos ensayos. Mi cariño y mi respeto para Luisito, quien es uno de los mejores artistas gráficos en su género.

En tercer lugar, agradezco las notas y comentarios de la Dra. Ada Myriam Felicié, quien leyó el manuscrito con detenimiento.

También agradezco el amor y acompañamiento de mi esposa, Glorimar Camareno Calderón; de mi hijo, Antonio José; y de mis hijas, Paola Margarita y Natalia Isabel.

Finalmente le doy las gracias a usted por leer este libro. Espero que el mismo sea de edificación para su vida espiritual.

DR. PABLO A. JIMÉNEZ
Dorado, Puerto Rico
2 de octubre de 2008

1

¡Qué rico el mambo!

Hay varias versiones del nacimiento del mambo, el sabroso ritmo que arropó el mundo en la década de los 50. La primera versión afirma que el ritmo fue «inventado» por Israel «Cachao» López, el famoso bajista cubano. La segunda indica que fue José Curbelo quien originó el ritmo en la ciudad de Nueva York. La tercera, aparentemente apócrifa, establece que el ritmo nació en México gracias a la pericia musical de Dámaso Pérez Prado. Según esta última historia, la gente mexicana había acuñado la frase «el mambo está duro» para referirse a la crisis económica en la cual estaba sumido su país. En dicha frase, la palabra «mambo» significaba «la vida», «la realidad», «la economía» y «la búsqueda de empleo», entre otras cosas. Por lo tanto, cuando el pueblo mexicano afirmaba que «el mambo» estaba «duro» estaba expresando su creciente desesperación ante las dificultades que encontraba cada día en su lucha por la vida.

¡Qué rico el mambo! 11

Pérez Prado, cuya banda combinaba los instrumentos y los ritmos tradicionales afrocubanos con la configuración orquestal de las «big bands» estadounidenses, había desarrollado un sonido musical particular y novedoso. En sus arreglos, los saxofones tocaban frases musicales a contratiempo de los trombones y las trompetas. El juego o entrelazamiento de frases musicales se llevaba a cabo sobre la base que ofrecía la percusión, el bajo, el «tres» y el piano. Pérez Prado necesitaba un nombre pegajoso para su nuevo «jazz cubanizado». Entonces, cuenta la historia, adoptó la palabra «mambo»—sí, la misma que el pueblo mexicano empleaba para describir su dura lucha por la vida—como nombre de su nuevo ritmo: «Mambo, mambo, que rico el mambo, mambo».

El «mambo» cautivó la mente y el corazón del pueblo mexicano. La gente pobre, que trabajaba hasta el cansancio durante la semana, comenzó a reunirse para bailar «mambo» durante los fines de semana. Los jóvenes vestían sus mejores galas y las jóvenes sus trajes más vistosos. La amarga realidad socioeconómica se olvidaba tan pronto empezaba el «sarao» temprano en la noche del viernes. El licor, el tabaco, la rumba caliente, el cha-cha-chá acompasado y la cercanía de la pareja les hacía olvidar el sufrimiento diario. Por unas horas, lo importante no era encontrar la «chamba» que les permitiría comer esa semana. No, lo importante era dar el paso más acrobático, el más novedoso y el más vistoso al compás del sabroso mambo. Por las pocas horas que duraba el baile, el «mambo» no era «duro», sino «bonito y sabroso», como cantara Beny Moré, el «Bárbaro del ritmo».

Para una persona evangélica, como yo, el baile presenta toda una serie de problemas. El consumo del licor, la disponibilidad de las drogas, el erotismo de ciertos movimientos, la juventud sin supervisión y el manto de la noche crean un ambiente donde se pueden dar toda una serie de situaciones problemáticas y negativas. Sin embargo, todos estos problemas palidecen ante el problema principal que presentó el «mambo» para el pueblo mexicano: la negación de la realidad. Gracias a Pérez Prado, el amargo «mambo-realidad» se convirtió en el dulce «mambo-musical» que les ayudaba a olvidar sus penas sin superar la crisis. Tal parece que los seres humanos necesitamos negar la realidad en ciertos momentos de la vida. Es más fácil negar el problema que enfrentarlo. Es más fácil decir que algo no está pasando antes de buscar las estrategias para lidiar con el problema.

En este sentido, no podemos negar que el sabrosísimo «mambo» de Pérez Prado, de Frank «Machito» Grillo y de Ernesto «Tito» Puente tiene una dimensión enajenante. Es más fácil bailar al son de la frase «Qué rico el mambo» que enfrentar la realidad de que «el mambo está duro». Es más fácil bailar «hasta la amanezca» que luchar por la vida un día más.

¡Qué rico el mambo! 13

Casi cincuenta años después de la invención del «mambo-musical», el «mambo-realidad» sigue duro. Sigue duro para los mexicanos, que sufren otra profunda crisis social y económica; y sigue duro para los puertorriqueños, tanto para los de la Isla como para los que nos encontramos en el «exilio» económico. Sí, en el exilio económico, ya que el «mambo» está tan duro en Puerto Rico que la economía legal no ofrece oportunidades para todos. Por eso hay cientos de miles de personas puertorriqueñas que nos hemos visto obligadas a emigrar; y por eso también es que hay otros miles que buscan su sustento en las economías «subterráneas» o «ilegales».

Para decirlo en puertorriqueño, la vida está difícil, la calle está dura y la «piña» está agria. Y tal parece que no hay alternativas socioeconómicas en el horizonte que prometan facilitar la vida, suavizar la calle o endulzar la «piña». Por eso no debe sorprendernos que el pueblo de Puerto Rico invierta miles de millones de dólares anualmente en divertirse. La Isla es una de las plazas más codiciadas en el mundo del espectáculo hispanoamericano. No hay cantante, banda o actriz que no visite la Isla para promover sus productos culturales. Y los puertorriqueños bailamos balada, «Salsa», merengue y cuanta cosa surja. Y patrocinamos los conciertos, compramos los discos compactos (mejor conocidos como CD's) y vemos los programas de televisión. Hacemos todo eso porque la diversión que proporcionan

14 *La teología de la Salsa*

estas actividades nos hacen olvidar las dificultades de la vida, la dureza de la calle y el amargo de la proverbial piña.

¿Qué tiene todo esto que ver con la Iglesia en Puerto Rico? La respuesta es sencilla: mucho. Dios le ha dado a su Iglesia la tarea de proclamar el evangelio en medio de una difícil situación social y económica. Dios nos ha llamado a predicar en una sociedad donde el «mambo» está duro, donde no se consigue empleo, donde la criminalidad nos acosa, donde cada día la vivienda es más cara y más escasa, donde la contaminación causa enfermedades respiratorias severas y donde el divorcio amenaza la estabilidad de la familia. Dios nos ha llamado a proclamar su mensaje en un país que hoy tiene un futuro incierto. Debemos reconocer que el pueblo puertorriqueño no sabe cual será el «status» político de la Isla en 10 años. También debemos reconocer que un cambio drástico en dicho «status» podría ocasionar una debacle económica si miles de hombres y mujeres deciden votar por la estadidad no en las urnas, sino en el aeropuerto. Si medio millón de personas puertorriqueñas deciden emigrar al mismo tiempo, el efecto de dicho movimiento migratorio en el valor de la propiedad y en la estabilidad económica sería sencillamente desastroso.

Ante la crisis, la Iglesia es una de las pocas fuentes de esperanza que tiene el pueblo puertorriqueño. Hay presencia cristiana en prácticamente cada barrio, en cada urbanización, en cada pueblo y en cada ciudad del país. Las iglesias son la primera línea de ayuda para las personas que sufren los estragos del desempleo, el divorcio, la adicción, el alcoholismo, la violencia doméstica y el resto de los males sociales que enferman al país. Aún en las barriadas más violentas, hay iglesias proclamando la verdad de Dios en Cristo. Aún en las comunidades donde la policía no se atreve entrar, hay iglesias llamando a la conversión y al arrepentimiento. Aún en aquellas zonas donde la esperanza está moribunda, hay jóvenes que logran construir vidas productivas amparados por la fe en Jesucristo.

Ahora bien, si bien reconocemos que la inmensa mayoría de las iglesias puertorriqueñas están haciendo una labor transformadora y concientizante, no podemos negar que hay unos pocos que predican un pseudo-evangelio enajenante; tan enajenante como el mambo de Pérez Prado. Cuentan que tres amigos—un católico, un reformado y un evangélico partidario de la «teología de la prosperidad»—murieron y fueron condenados a pasar la eternidad en el infierno. Dicen que el católico se lamentaba diciendo «no tuve los méritos necesarios para entrar al cielo»; el reformado decía «fui predestinado a la condenación»; y el «de la prosperidad» repetía en una esquina «no estoy aquí y no está caliente; no estoy aquí y no está caliente».

Del mismo modo, hay algunas organizaciones religiosas en Puerto Rico que—ante la crisis social—se encuentran escondidas en una esquina repitiendo «no estoy aquí y no está caliente». Estos grupos están tan enajenados de la realidad como aquellos mexicanos que repetían «que rico el mambo» ante la crisis de su país. La verdad es que la Iglesia puertorriqueña sí está «aquí» y que la vida sí está «caliente».

La misión de la Iglesia tiene una dimensión profética que no podemos descuidar. Del mismo modo que los profetas del Antiguo Testamento confrontaron a los falsos profetas de «shalom»— que sólo profetizaban paz y seguridad—la Iglesia debe confrontar a quienes niegan la dura realidad que sufre el país. Dios nos llama a confrontar a los líderes cívicos y religiosos que en lugar de resolver los problemas del país se la pasan cantando «que rico el mambo», faltándole así el respeto al pueblo que sufre. (¿Será por eso que las «caravanas» y las actividades políticas en el país siempre están «amenizadas» por orquestas de Salsa y de merengue?) Del mismo modo, Dios nos llama a predicar un evangelio concientizante. Un evangelio que describa cómo Dios envió «aquí» a su hijo, aunque la vida estaba tan «caliente» que fue crucificado por una sarta de asesinos.

Sí, Dios está llamando a su Iglesia a desenmascarar el pecado—tanto individual como social—y a predicar un evangelio transformador, en el poder del Espíritu Santo. Si somos rebeldes a la visión celestial—predicando un pseudo-evangelio enajenante—la sociedad puertorriqueña

¡Qué rico el mambo!

corre el peligro de continuar su rápido deterioro. Lo menos que necesita el pueblo puertorriqueño hoy día son líderes que le enseñen a negar la dura realidad bailando y cantando hasta el cansancio «mambo, mambo, que rico es, es, es».

2

Perico todavía es sordo

Desde pequeño intuí que las grandes obras de «filosofía» de las Antillas españolas no se encuentran en libros ni en bibliotecas, sino en la letra de la música popular. Mientras en otras latitudes los grandes pensadores escribían sus meditaciones en impresionante prosa o en sentida poesía, los grandes pensadores cubanos, dominicanos y puertorriqueños plasmaron su pensamiento en la letra de los montunos, guajiras, merengues, plenas y guarachas que perduran a través del tiempo en la memoria colectiva del pueblo. Sí, todas las culturas han producido grandes pensadores. Los griegos tuvieron a Platón y a Aristóteles; los hebreos, a Moisés y a los Profetas; los puertorriqueños, a Rafael Cortijo y a Ismael Rivera.

Cortijo e Ismael alcanzaron la fama a mediados de los años 50. Su estilo musical era sencillamente único. Por un lado, tocaban una inmensa variedad de ritmos caribeños, mezclándolos a su vez con las influencias del jazz en lo que hoy conocemos como el estilo de «fusión». Por otro, se negaban a tocar versiones estilizadas de los ritmos afroantillanos—como la plena de salón cultivada por la orquesta de Cesar Concepción y cantada por la aterciopelada voz de «Joe» Valle. La plena y la bomba de la banda de Cortijo eran «the real thing», tan calientes y sabrosas como las que se bailaban en el barrio Colobó.

Hoy día, la mayor parte de los musicólogos boricuas reconocen a Cortijo como uno de los genios de la música popular puertorriqueña. Esto es de conocimiento popular. Lo que nos negamos a reconocer es que la música de Cortijo e Ismael recogía siglos de sabiduría popular. Las letras de las canciones interpretadas por «Maelo» estaban preñadas de filosofía pueblerina.

Les invito a considerar, a manera de ejemplo, la guaracha «Perico», uno de los grandes éxitos de la banda de Cortijo. La canción tiene una estructura sumamente sencilla. Comienza cuando la potente e inconfundible voz de Maelo exhorta a «Perico»—el personaje central de la oda—a quitarse de la vía del tren. La voz sonora le advierte que el tren se estaba acercando e, implícitamente, le indica que está en peligro mortal. El estribillo inicial se repite un par de veces, dando a entender que Perico, quién quizás estaba comiendo caña en la vía del tren, hacía caso omiso de la advertencia. Exasperado, el cantante amonesta a Perico diciendo «Y después no vayas a decir que a ti no te lo advirtieron». De esta manera, quien canta deja claro que no tendrá responsabilidad alguna por el daño que Perico pueda recibir. ¿Qué más se puede pedir de un parroquiano? La persona vio al prójimo en peligro de muerte y, en vez de seguir de largo, se detuvo a advertirle, a exhortarle y hasta a amonestarle que debía salirse del camino. En este punto, aquellas personas que han leído la Biblia con algún detenimiento deben estar evocando una porción del libro del profeta Ezequiel. En el tercer capítulo de dicho libro encontramos ideas muy similares a las expresadas por la guaracha de Cortijo.

Aconteció que al cabo de los siete días vino a mí palabra de Jehová diciendo: Hijo de hombre, yo te he puesto por atalaya de la casa de Israel; oirás, pues, mi palabra y las amonestaciones de mi parte. Cuando yo diga al impío «De cierto morirás», si tú no lo amonestas ni le hablas, para que el impío sea advertido de su mal camino a fin de que viva, el impío morirá por su maldad, pero su sangre demandaré de tu mano. Pero si tú amonestas al impío, y él no se convierte de su impiedad y de su mal camino, él morirá por su maldad, pero tú habrás librado tu vida.

Ezequiel 3.16-19

Los puntos de contacto entre la lógica del texto bíblico y el de la guaracha cortijesca son claros. Ambos «textos» recalcan la responsabilidad que los seres humanos tenemos, tanto para con nuestro prójimo como para con nuestra comunidad. Quien ve a su vecino en peligro de muerte y no da la voz de alerta, es culpable de su desdicha. La persona indiferente tiene alma de asesina. La lógica, la decencia y la justicia nos obligan a tratar de salvar a la persona cuyos malos caminos le conducen a una muerte segura.

En este punto debemos hacer una aclaración. No estamos afirmando que Cortijo e Ismael eran personas religiosas, ni que basaban sus canciones en textos bíblicos, ni que su música era «cristiana». Lo que estamos diciendo es que parte de la música de Cortijo y su Combo transmite la sabiduría del pueblo, sabiduría que en parte se inspira en la piedad y en el amor cristiano. Lo que estamos afirmando es que Dios es quien da al pueblo pobre y sencillo la profunda sabiduría que le caracteriza. Por eso es que podemos encontrar valores similares en «textos» tan disímiles como una canción popular puertorriqueña y el oráculo de un profeta hebreo.

Ahora bien, si por un lado hay algunos puntos de contacto entre la canción interpretada por Maelo y el texto bíblico, por otro, hay una diferencia fundamental. Quienes saben la canción recordarán que el coro o estribillo de la misma revela un final tragicómico. El coro dice: «Si yo llego a saber que Perico era sordo, yo paro el tren». El paisano que dio la voz de alerta no tomó en cuenta como posibilidad la sordera de Perico.

Esto explica por qué el tren trituró al personaje imaginario. Perico hizo caso omiso a las palabras de alerta porque no podía escucharlas, como tampoco podía escuchar el silbato del tren ni el ruido infernal de la maquinaria. Perico era sordo, por eso se quedó jugando inocentemente entre los rieles del tren hasta encontrar una muerte tan horrible como sorpresiva.

Lo interesante es que el cantante no se consuela pensando que dio la voz de alerta. ¡No! En sus «soneos» encontramos un dejo de tristeza; un sentimiento de culpa que no puede ser echado a un lado fácilmente. Si el cantante hubiera sabido que Perico no podía escucharle, su «advertencia» no se habría quedado al nivel de las palabras. Por el contrario, el sonero hubiera tratado de parar el tren; o hubiera corrido a empujar a Perico fuera de la vía; o hubiera improvisado una brigada de rescate; o hubiera demandado la ayuda de las autoridades para salvar al transeúnte. Pero la triste verdad es otra, al «Periquito Manguán» se lo llevó la «pelona» porque nadie paró el tren.

En este sentido, podemos afirmar que la guaracha de Cortijo y Maelo contiene una gran lección tanto para la sociedad como para la Iglesia puertorriqueña: «Perico»—quien representa a ese segmento de la comunidad puertorriqueña que vive diariamente en peligro mortal—todavía es «sordo». Quizás es sordo porque perdió el sentido de la audición; quizás, porque no tiene la escolaridad necesaria para comprender nuestro lenguaje; o quizás, porque está escuchando «reggaetón» en un «iPod»® mientras camina por la peligrosa vía. Y hay muchas «vías» peligrosas en nuestro país, ya que la droga, el alcohol, el tabaco, la criminalidad, las enfermedades de transmisión sexual, el desempleo, el bajo nivel educativo y la disolución de la familia ponen en peligro la vida y la salud mental de miles de puertorriqueños.

Es por eso que no podemos contentarnos con la mera verbalización del evangelio. Es necesario pasar de la palabra a la acción. No podemos consolarnos a nosotros mismos diciendo que la Iglesia está tratando de resolver la crisis social puertorriqueña con un sermón cada domingo en la mañana. Eso no puede consolarnos porque las personas que están en peligro, en su inmensa mayoría, no asisten a templo alguno. En este sentido, son «sordas» a la palabra evangélica.

Aprendámoslo de una buena vez: Perico todavía es sordo. Nuestras advertencias, por más elocuentes y sentidas que sean, no podrán ayudarle a salvar su vida si se quedan al nivel de la verbalización. Sólo hay una manera de salvar a Perico de una muerte segura. La «palabra»—entendida como el mensaje cristiano—tiene que encarnarse en una Iglesia que sepa ser cuerpo de Cristo. La «palabra» tiene que convertirse en «acción». ¡Corramos a salvar al pobre Perico, que ahí viene el tren!

3

¡Swing!

A comienzos de la década de los sesenta la mayor parte de los músicos que integraban el combo de Rafael Cortijo decidieron separarse del maestro para formar su propia orquesta. El nombre escogido para la nueva banda fue «El Gran Combo», nombre que establecía la continuidad con el «combo original». La orquesta, organizada bajo el hábil liderazgo de Rafael Ithier, todavía está activa. Su longevidad la coloca en los niveles más altos de la música caribeña. Después de más de 40 años de continua presencia musical, el Gran Combo «sabe» a Puerto Rico; del mismo modo que «La Sonora Matancera» es sinónimo de Cuba y los «Billo Caracas Boys» de Venezuela.

Uno de los más grandes problemas que enfrentó Ithier al organizar la banda fue escoger su cantante principal. Después de todo, en la mente del pueblo el nuevo cantante vendría a competir directamente con Ismael Rivera, a quien el mismísimo Beny Moré había bautizado como «El Sonero Mayor» en el Palladium de

Nueva York. Ithier resolvió el asunto de manera salomónica, escogiendo dos cantantes en vez de uno. La responsabilidad de cantar las guarachas recayó en «Pellín» Rodríguez. La voz de Pellín—sonero curtido a pesar de su juventud—se prestaba muy bien para el tono cómico que imperaba en la música movida de la época. Los boleros eran otra cosa, pues requerían una voz profunda y hasta melancólica. Como bolerista, Ithier contrató a un cantante novato llamado «Andy» Montañez. Lo interesante es que con los años sus roles se invirtieron. Casi al final de su carrera Pellín tuvo sus más grandes éxitos musicales con las baladas «Rompamos el contrato» y «Amor por ti». Por su parte, Andy—apodado «el niño de Trastalleres»—se convirtió en uno de los mejores soneros del mundo.

Es precisamente un guaguancó interpretado por Andy Montañez lo que inspira este modesto ensayo: «*Swing*». En dicha canción el cantante interpreta a un personaje que se jacta de su ignorancia, afirmando que posee una habilidad especial—el proverbial «swing»—que asegura su futuro y su felicidad. En la primera estrofa dicho personaje reconoce que no es un profesional—no es médico, ni abogado, ni ingeniero—pero se consuela a sí mismo afirmando que tiene un «swing» envidiable. En la segunda, se ríe de su ignorancia—el hombre confiesa ser prácticamente analfabeta—confiado en la potencia de su «swing». En la tercera, explica que no le preocupa en lo más mínimo el no tener profesión, trabajo o dinero, ya que «con este 'swing' que yo tengo, consigo yo lo que quiero». Entonces, a manera de coda, repite la primera estrofa. El muchacho no tiene escuela, universidad, profesión, trabajo u oficio. Pero, ¿quién necesita tales habilidades cuando se posee un sabroso «swing»?

Terminadas las estrofas, comienzan los soneos y el contagioso mambo, al son del estribillo «...pero tengo un swing sabroso». La canción termina con un «solo» de timbales que, robando la hipérbole favorita del «Inmortal» Felo Ramírez, es «sencillamente, descomunal». Irónicamente, la frase final que se escucha en la grabación no la dice Andy, sino Pellín. Su voz inconfundible le comenta al protagonista en tono de sorpresa: «¡Que swing tiene ese mulato!»

En mi mente hay dos anécdotas atadas a esta canción. Para recordar la primera tengo que remontarme casi treinta años atrás. Yo me encontraba con Edwin, mi padre de crianza, viajando por las calles de Santurce. Edwin era supervisor de distrito del difunto periódico «El Mundo»; es decir, era el «mister» que supervisaba a los porteadores de dicho periódico en varias partes de la Capital. El día en cuestión Edwin se dirigía a visitar a uno de sus «empleados», un muchacho que por enésima vez no había entregado los periódicos de su ruta. Cuando llegamos a la casa del susodicho, cerca de las cuatro de la tarde, el joven salía de su casa vestido impecablemente

¡Swing! 27

para la época. Camisa «see-through», pantalón «bell-bottom» de colores brillantes, «zapatacones» de dos tonos, el pelo lleno de brillantina y colonia como para perfumar al barrio. Edwin despidió al muchacho. De regreso, me explicó que el joven era un «mamito»; un hombre dedicado al «vacilón»; una criatura de la noche que pensó encontrar en la ruta de periódicos una forma fácil de ganar pesos para continuar fiestando. En eso la radio—como si estuviera comentando sobre el asunto—entonó la canción «Swing».

La segunda anécdota es mucho más reciente en mi mente, aunque el evento se remonta a la misma época. El Rev. David Asdrúbal Vargas—notando mi entusiasmo por la música tropical—me contó que en cierta ocasión uno de sus compañeros de estudios empleó la canción «*Swing*» como introducción para un sermón. El compañero en cuestión fue Pablo Maysonet, quien comenzó un sermón recitando la primera estrofa del sabroso guaguancó. Como es de esperar, la mayor parte de la congregación se rió de buena gana ante la ocurrencia del atrevido seminarista. Sin embargo, Maysonet calló a todo el mundo cuando prosiguió su sermón diciendo: «Y ese "swing" es lo que tiene fastidiado a este país.»

Maysonet tenía razón. El «swing» es lo que tiene fastidiado al pueblo puertorriqueño.

Tal parece que el «Puerto Rican dream» es tener un «swing» que nos permita disfrutar de la «buena vida». Los muchachitos crecen soñando con ser «Jordan», «Igor» u algún otro deportista millonario. Las muchachitas aspiran a ser «el bombón de la semana» o la nueva merenguera de moda (y si las cosas continúan como van, tal parece que cada una tendrá la oportunidad de grabar un disco). En una isla donde sólo una de cada cuatro personas tiene un trabajo en la economía legal, hay mucha gente buscando la vida fácil que proporciona el ansiado «swing».

Tome el caso de Tito, un mecánico «de oído» que tuvo la increíble suerte de conocer a Lizzy, una estudiante universitaria. El muchacho la fascinó con su labia, su experiencia y su carro deportivo. Seis meses después de la boda, Tito renunció a su trabajo, alegando que el dueño del taller «le había le hacía la vida imposible». Tito tardó tres meses en encontrar otro trabajo... y al mes renunció, pues el nuevo jefe «estaba en su contra». Seis años después Tito sigue de vago y Lizzy lo mantiene a él y a sus dos hijas. ¡Ah!, y para colmo también paga la pensión que Tito debe enviar a su primera esposa. Lo interesante es que Tito es la envidia de los «muchachos» del colmadito de la esquina, quienes dicen: «¡Pero que "swing" tiene ese mulato!»

Son muchos los que andan buscando su «swing». Hasta en el campo religioso hay quien añora la vida fácil. Nunca olvidaré el caso de un vago crónico que enviaba a su esposa y a sus hijos a pedirle ropa, comida y dinero a la gente del barrio donde yo pastoreaba. Al mismo tiempo, el caballero se pasaba visitando a los miembros de la Iglesia para orar con ellos. La situación era tan incómoda para la congregación que tuve que confrontar al individuo. En nuestra conversación, el hombre confesó no haber trabajado en los últimos tres años, tener problemas con la ley y poseer varias licencias de conducir, cada una con un nombre y un número de seguro social diferente. Entonces, me preguntó: «Pastor, ¿por qué no me siento cómodo en ningún trabajo? ¿Será que Dios me está llamando al ministerio?» Yo lo mire a los ojos y le dije: «¡No!»

El país no necesita líderes con «swing», sino con dedicación, responsabilidad, honestidad, amor al trabajo duro y sentido de justicia. Nuestro pueblo debe aprender a rechazar a los falsos líderes políticos que proponen soluciones fáciles a problemas difíciles. Estos sólo están tratando de engañar al pueblo para mantenerse en el poder. Del mismo modo, el pueblo debe rechazar a los líderes religiosos que predican un evangelio sin cruz. Quienes llenan iglesias prometiendo curas mágicas a problemas graves, están jugando con el sufrimiento humano.

Reconozco que la evaluación que he hecho de la crisis de valores que sufre el pueblo puertorriqueño se queda corta. Necesitamos que el liderazgo religioso del país entre en diálogo con los científicos sociales interesados para delinear estrategias de intervención. En este sentido, le invito a ver mis planteamientos como lo que son, un sencillo comentario social «en broma y en serio». Total, yo no soy sociólogo, ni antropólogo, ni tampoco psicólogo social... ¡pero tengo un «swing»!

4

Juan Pachanga va a la Iglesia

Pocos cantantes de música tropical han logrado impactar a las capas altas de la sociedad hispanoamericana. Uno de los pocos que ha podido hacer ese «crossover» de clase es el «cantautor» panameño Rubén Blades. El repertorio de Rubén contiene canciones de «protesta», crítica social y alusiones literarias, entre otras características que apelan a las personas con educación universitaria. Claro está, no podemos esperar menos del único «sonero» graduado de una universidad de la «Ivy League».

Rubén llegó a los Estados Unidos titulado como abogado. Trabajó por algún tiempo en las oficinas de la Fania, la casa disquera que durante los sesenta y setenta fue sinónimo de la «Salsa», como estibador y mensajero. Sin embargo, poco a poco el panameño fue escalando posiciones en ese imperio musical dominado por puertorriqueños y cubanos.

La primera canción de Blades que recuerdo haber escuchado se llama «*Guaguancó triste*». La misma fue grabada por los otros intelectuales de la Salsa, Richie Ray y Bobby Cruz, en el disco «Sonido bestial». Poco después, Blades comenzó a grabar sus propias canciones. Uno de sus primeros números fue «*La leyenda del cazanguero*», incluido en el álbum de Willie Colón titulado «The good, the bad and the ugly». En ese tiempo Rubén cantaba en un registro más bajo del que entona hoy. Por eso, muchos salseros pensaban que el cantante de ese número era José «Cheo» Feliciano. De alguna manera, esa comparación—o imitación—afectó la carrera del canalero. Pero Rubén no se amilanó. Volvió a grabar, primero con Ray Barreto y después con Willie Colón. Ya para finales de los años setenta Rubén Blades era reconocido como uno de los genios de la música tropical. Su «Salsa con sentido» llegó a las masas universitarias y a la gente «de categoría». Era imposible caminar por la universidad sin encontrar a un estudiante de leyes, de arquitectura o de ingeniería tarareando «Ella era una chica plástica, de esas que hay por ahí....»

Eso precisamente era lo que le restaba credibilidad a la música de Rubén ante el pueblo pobre. Su música sabía a café-teatro y a tertulia en la facultad de ciencias sociales. No tenía el sabor a colmadito y a rumbón de esquina que caracterizaba la música de Marvin Santiago. Por eso, Blades tenía que reinvidicarse ante la masa salsera con canciones que describieran la vida en el Barrio. Hasta cierto punto, logró hacerlo con «*Pedro Navaja*». Y si digo «hasta cierto punto» es porque el subtexto de ese guaguancó es una opereta norteamericana. Ahora bien, la canción que convenció a todos los salseros que alguna vez hemos tocado un baile de la solidaridad de Rubén fue «*Juan Pachanga*».

«*Juan Pachanga*» es una excelente pieza musical grabada por Blades con la Estrellas de Fania. El arreglo de la misma es muy superior al de cualquier otra pieza de la época. No obstante, lo más importante es la letra de la canción. Juan es una criatura de la noche, que se pasa la vida de baile en baile. Rompe las noches impecablemente vestido, tocando y bailando «hasta la amanezca». Quizás la sección más importante de la canción es aquélla donde Blades hace un análisis psicológico del personaje central de su oda: «Pero lleva en el alma el dolor de una traición, que sólo calman los tragos, los tabacos (¿de marihuana?) y el tambor». Después de escuchar esa frase musical, todos los salseros consagramos a Rubén como uno de los nuestros. Sólo una persona que conoce el dolor que aprieta el alma de un rumbero pudo haber escrito «Juan Pachanga».

Roberto «Palomo» Morales, quien fuera uno de mis compañeros en varios grupos de música cristiana, lo resumió diciendo: «Brother, Juan Pachanga es la historia de todos los músicos profesionales que yo conozco». Eso es tan cierto como que Dios vive. La inmensa mayoría de los músicos son personas heridas por la vida, que encuentran en la música una terapia para su dolor existencial. El instrumento—sea la guitarra, el piano, el bajo, la tumbadora o el bongó—no miente. No nos decepciona, ni nos abandona, ni nos traiciona. Por eso, tocar un instrumento musical es una terapia para un corazón roto. Con el alma atormentada de recuerdos, un buen timbero puede concentrarse en la técnica musical, en el tiempo de la canción, en el corte exacto o en el "solo" más virtuoso. Mientras las mentiras de aquella mujer retumban como un mantra demoníaco en el recuerdo, las manos duras repican el tambor mientras coreamos: «Óyeme Juan Pachanga, olvídala».

Ya lo dijo «Bobby» Capó, ese gran bardo puertorriqueño: «En el fondo de una copa siempre existe una traición». Eso explica la adicción de Juan Pachanga: Un niño abandonado, un padre ausente, una madre alcohólica, una colección de hermanos de distintos padres, una familia que nos tilda de servir para nada, una escuela que nos etiqueta como fracasos, una mujer soñada que nos abandona cuando más la queríamos o los hijos que los ex-suegros no nos dejan ver. Entonces, del mismo modo en que una persona con bronquitis en vano decide comprar en la farmacia un jarabe para la tos «con miel de abeja y limón», Juan Pachanga decide medicarse a sí mismo. Lo único que no usa algo tan inocente como «7 Jarabes» o

«Agua Maravilla». La Iglesia Protestante ha sido un instrumento de Dios para la salud física, mental y espiritual de los miles de «Juan Pachanga» que continúa produciendo la descomposición de la familia puertorriqueña. Sí, Juan Pachanga va a la iglesia. Allí encuentra el aceite para curar sus heridas. El amor profundo y perfecto de Dios en Cristo es la cura para la traición que aniquila el alma del salsero. Por eso el evangelio es uno de los medios más efectivos para la rehabilitación del alcohólico y del adicto. En la Iglesia, el salsero herido encuentra que sí hay «bálsamo en Galaad».

Lo interesante es que cuando Juan Pachanga va a las Iglesias históricas encuentra los mismos prejuicios de clase que califican a la música tropical como algo «cafre». Por eso, cuando llegamos a la Iglesia muchos tuvimos que meternos a «rockeros», ya que en la mayor parte de nuestras congregaciones se puede tocar la batería o la guitarra eléctrica sin que nadie se escandalice. Pero lleve al culto un timbal o una tumbadora para que vea cómo muchos le mirarán mal.

Por eso Juan Pachanga prefiere las iglesias «avivadas», casi siempre pentecostales o independientes, que hay en todos los barrios pobres. Allí Juan puede adorar a Dios con su timbita, su bongó, su campana o su timbal. Allí Juan puede cantar «a todo pulmón» que «Sólo Dios hace al hombre feliz». De hecho, en muchas de estas Iglesias—siguiendo tradiciones africanas hundidas en el subconsciente—tocar el tambor es un privilegio. Sólo las personas «espirituales» pueden hacerlo.

Todavía recuerdo con mucho amor una de las últimas veces que participé en una buena «rumba cristiana». Fue en una pequeña Iglesia «histórica» pero bien avivada en la parte «mala» del pueblo. Al llegar, el hermano Eliud Feliciano me invitó a tocar alguno de los tambores durante el devocional. Eliud, un adicto recuperado, no sabía en ese entonces que una aguja infectada le había contaminado con el virus del SIDA. Apenas le quedaban 18 meses de vida. Eliud sí sabía que yo también era un «Juan Pachanga» que, habiendo superado un duro episodio de alcoholismo juvenil, hoy predicaba el evangelio liberador de nuestro Señor Jesucristo. «¿Qué quieres tocar, Pablo?», preguntó. «El timbal», contesté. Eliud me entregó los palos de timbal como quien presenta un regalo sagrado y hermoso. Me quité la chaqueta, me aflojé la corbata y me arremangué la camisa. Me preparé para tocar con alegría, sabiendo que en esa congregación nadie se escandalizaría al ver a todo un profesor de seminario repicando un tambor. ¡Todo lo contrario! Mi modesta colaboración musical sería interpretada como una confirmación del amor de Dios hacia todo Juan Pachanga que se acerca a la iglesia. El culto comenzó con una sentida y larga oración. Entonces la directora anunció un corito. Los músicos nos miramos. «Cáscara», «martillo», «tumbao»; un «corte de tiempo». ¡Campanero, campana!: «...la vida es nada, todo se acaba, sólo Dios hace al hombre feliz». ¡AMÉN!

5

Auditorio Azul

Apuntes sobre la Salsa cristiana

Cada año son más los discos compactos de música popular afro-antillana (léase «Salsa») que incluyen música religiosa. Este fenómeno se manifiesta a dos niveles. Primero, hay cantantes «cristianos» que están grabando cánticos espirituales—el equivalente en español de la música «Gospel»—en ritmos tropicales. Es común encontrar en el álbum de uno que otro cantante evangélico algún corte musical en tiempo de guaguancó. Del mismo modo, hay varias orquestas de «Salsa cristiana» grabando tanto en Puerto Rico como en New York.

Segundo, muchos cantantes populares están incluyendo cortes religiosos en sus grabaciones. Algunos, como Domingo Quiñones, graban números con sentido religioso. Otros, como Alex D'Castro, graban música abiertamente evangélica. El problema es que en muchas ocasiones el material religioso es incompatible con el resto del disco compacto. Permítanme ilustrar la situación con el caso de Alex D'Castro. En su álbum «Un tenor para el cielo» el cantante incluye el corito «*Jesús está pasando por aquí*» (by the way, ¡tremendo rumbón!) junto con la canción «*Te fuiste*». Esta última narra el «careo» de un hombre con el exmarido de su novia. El «ex» la había abandonado cuando el héroe de la canción vino al rescate de la damisela en peligro. Ahora, tanto la mujer como su hijo reconocen en el nuevo «compañero» al «hombre de la casa». De alguna manera, este tipo de canción—algo así como la musicalización del refrán «el que se va pa' Aguadilla...»—no «pega» con la sección religiosa del disco.

Todo esto levanta preguntas aún más profundas, ¿tiene sentido el hablar de «Salsa cristiana»? ¿Es la música tropical el medio indicado para transmitir mensajes religiosos? ¿No debe preocuparnos el hecho de que hay gente bailando al son de música «espiritual»?

Para contestar esta pregunta debemos reconocer la larga y profunda relación que existe entre la música antillana y la religiosidad popular. En primer lugar, la música «típica» ha hecho uso constante de imágenes religiosas en sus canciones. Tanto los rosarios cantados como la música navideña hacen alusiones constantes a la imaginería cristiana. El niño Jesús, la Virgen

40 *La teología de la Salsa*

María, San José, el Sagrado Corazón de Jesús, y el resto del santoral son personajes centrales en la música de la montaña.

En segundo lugar, desde que la guaracha es guaracha cantantes populares han grabado números religiosos. Antes de que la música popular afro-antillana hubiera sido bautizada con el nombre de «Salsa» por un «disk-jockey» en Venezuela, El Gran Combo ya había grabado el himno «*El Santo Nombre de Jesús*». Al igual que ahora, esa música era bailable. Y, al igual que ahora, no «pegaba» con el resto de las canciones del disco. Por ejemplo, el himno aludido fue grabado por los «Mulatos del sabor» en el mismo disco navideño donde «Pellín» Rodríguez entonó «La vieja voladora».

Podemos afirmar que la religiosidad popular ha servido como uno de los «sub-textos» de la música en el Caribe de habla hispana. Por eso tantos cantantes han grabado música con ribetes religiosos. Ismael Rivera grabó «*El Nazareno*», haciendo alusión a la veneración del Cristo Negro de Portobello en Panamá. Piro Mantilla grabó «*El escapulario*» con el Apollo Sound de Roberto Rohena. Y así docenas de soneros han grabado canciones e inspirado soneos con alusiones a la imaginería católica.

En tercer lugar, la música afro-cubana tiene un innegable lazo histórico con la santería. Los esclavos traídos de la costa oriental de África—específicamente los Ashanti y los Yoruba—

trajeron consigo sus tambores. Estos se unieron a los instrumentos taínos (las maracas, el güiro, etc.) para formar nuestro folclor tropical. Eso explica por qué hay conexiones tan profundas entre los patrones rítmicos de las distintas islas caribeñas. Hay que estar sordo para no notar el parecido entre la bomba puertorriqueña y el «pambiche» dominicano; entre el merengue «a dos», la plena y el calipso; o entre la guaracha y el guaguancó. La conexión con la santería también explica las constantes alusiones a Changó, a Yemayá y a Obatalá en la música salsera.

En cuarto lugar, los «babalaos» santeros entendían que debía haber una clara separación entre la música secular bailable y la música «sagrada» (que también era bailable, siempre y cuando le «entrara el santo» al bailador). Por eso sus ritmos se emplean exclusivamente como parte del culto. Lo que es más, los tambores «batá»—una «familia» de tambores dobles en forma de reloj de sol—sólo pueden utilizarse en el rito santero.

Claro está, hay «salseros» que han violado este protocolo grabando «toques» santeros o utilizando los tambores «batá» en la música secular. Por ejemplo, Richie Ray y Bobby Cruz grabaron frases del «Palo Mayombe», la «magia negra» santera, en la década de los 60. El Grupo Folklórico Experimental de Nueva York y el grupo Irakere, han grabado toques santeros por su valor folklórico. Ray Barreto hasta se atrevió a usar los tambores sagrados en su banda, al igual que Ángel

«Cachete» Maldonado. Pero todos estos músicos han sido condenados por sacerdotes santeros, quienes abogan por una estricta separación entre lo religioso y lo secular.

Este breve recuento deja claro que la «Salsa» siempre ha tenido ribetes religiosos. Pero también deja claro otro fenómeno importante: el impacto del protestantismo de corte pentecostal en la religiosidad popular antillana.

Si bien antaño las referencias religiosas en la Salsa tenían trasfondos católicos, las alusiones contemporáneas revelan raíces evangélicas y pentecostales. Este cambio comenzó con la conversión de Richie Ray y Bobby Cruz a mediados de los 70. Richie fue el mejor salsero de su generación, combinando el guaguancó con el jazz y hasta con la música clásica. Después de su conversión, trató de abandonar la Salsa. Pero Dios no había llamado al ministerio cristiano a los mejores salseros del mundo para que se metieran a rockeros. Así Richie y Bobby volvieron a grabar, esta vez discos que transmitían valores, conceptos, vocabulario y, por qué no, espiritualidad evangélica.

El impacto de Richie y Bobby fue tal que otros salseros comenzaron a grabar canciones con subtextos protestantes. Así Héctor Lavoe grabó *«Todopoderoso»*—cuyo concepto de la soberanía de Dios hubiera puesto a bailar a mismísimo Juan Calvino—y Bobby Valentín grabó *«Libro de amor»* en referencia a la Biblia—«sola escritura» salsera.

Ahora bien, fue la conversión de Marvin Santiago la que evidenció la llegada definitiva del pentecostalismo de barriada a la Salsa. Después de una larga carrera con la orquesta de Bobby Valentín, Marvin grabó como solista. En ese tiempo su uso de drogas era tan abierto que la carátula de uno de sus discos incluía un dibujo de un paquete de papel bambú. Eso coincidió con la grabación de canciones cuyas letras exaltaban el uso de la droga, tales como «Fuego a la jicotea», que parece ser una alusión a la pipa de "crack".

Marvin cayó preso a causa de su vicio, pero su reclusión le llevó a los pies de Cristo. Por su buena conducta se ganó los permisos necesarios para salir a cantar en la televisión. Era evidente su cambio. El «Sonero del pueblo», con su uniforme azul de confinado y su sombrerito «pra-pra», testificaba sin temor. Empleando su increíble talento para rimar e inventar palabras, Marvin hablaba de «Papá» (Dios) y afirmaba que la única droga que ahora necesitaba era la «Cristomicina».

Entonces Marvin grabó un disco desde la cárcel, del cual «pegó» la canción *Auditorio azul*. El título se refiere al uniforme azul claro que usan los reclusos en el sistema penal puertorriqueño. Este melancólico clásico es pura Salsa «gospel». Su letra se dirige a los confinados como «hermanos», afirmando que aún en la cárcel uno puede llegar a ser un «hombre nuevo». Como es de esperar, Marvin brilla en los soneos usando frases comunes en nuestras iglesias evangélicas. Este disco evidenció que, si ayer el trasfondo religioso de los salseros era el catolicismo, hoy el pentecostalismo juega un papel determinante en nuestras barriadas y en nuestros caseríos.

Por lo tanto, podemos afirmar que la «Salsa cristiana» ha llegado para quedarse. A pesar de las contradicciones que pueda presentar, la Iglesia evangélica debe aceptarla como un instrumento que Dios puede usar para la proclamación contextual del evangelio. ¡Quien sabe si un buen guaguancó «gospel» puede motivar a un joven a buscar un encuentro transformador con Cristo, librándole de llegar a ser uno más en el «Auditorio azul»!

6

Pa' que afinquen

Corría el año 1969. Ese domingo en la mañana mi mamá salía de viaje para Nueva York. Mi tío Humberto la llevó al aeropuerto en su «guagua» verde y blanca, la misma que decía «Del Monte» y «Plaza Provisión Company» a los lados. Yo los acompañé con alegría.

En el camino, Humberto iba escuchando su estación favorita: Radio Voz, «La Emisora de la Salsa», 1400 en el cuadrante AM de su radio. De hecho, si bien fue mi tío Carlos quien me enseñó a tocar instrumentos de percusión latina, Humberto fue el que me enseñó a escuchar música tropical. Todavía recuerdo con exactitud los momentos cuando compró discos que marcaron mi vida musical, como el día que fuimos a Petty Shop en El Cantón de Bayamón para comprar «Getting Down / Bajándote» de la Orquesta Harlow o el sábado en la mañana cuando fuimos a la tienda Belk Lindsay, del entonces Santa Rosa Shopping Center, para comprar «Pacheco Ten Great Years» la primera colección de «Greatests Hits» del salsero dominicano.

Del mismo modo, aquel domingo en la mañana que fuimos a Isla Verde está grabado en mi mente por las canciones que escuchamos en el camino. Ese día escuché a dos cantantes que me impactaron profundamente: Nacho Sanabria, cantando «*Carbonero*» con su orquesta, El Sabor de Nacho; y, más importante aún, José «Cheo» Feliciano cantando «*Por si llueve*».

La voz profunda y hermosa de Cheo Feliciano cautivó mi mente infantil. La canción era jocosa, al igual que «*Carbonero*», expresión tardía de la Salsa cómica que dominó los años sesenta. Sin embargo, la pregunta que surgió en mi mente era quién era este cantante «nuevo» y por qué no lo había escuchado antes.

Humberto me explicó que Cheo Feliciano no era un cantante novel y me recordó que yo conocía algunas de sus canciones viejas. Temprano en la década de los sesenta, Cheo se había distinguido como el cantante de Joe Cuba y su Sexteto. De hecho, «Cheito» era quien había cantado el «boogaloo» titulado «*Así se goza*», canción que yo aprendí de memoria antes de ir a la escuela.

La explicación de mi tío Humberto sólo aumentó mi curiosidad. ¿Por qué no podía recordar la hermosa voz de Feliciano? Entonces, vino la amarga verdad. El silencio de Cheo Feliciano se debía a que había estado en tratamiento por el uso de drogas ilegales.

Pa' que afinquen 47

Poco después, conseguimos el «8 track» del nuevo disco de Cheo Feliciano. (*Nota bene:* Si usted no sabe lo que es un «8 track» pregúntele a su abuelito). El mismo era una joya que sonó el guaguancó «*Anacaona*», la rumba «*Antero*», el bolero «*Mi triste problema*», y el bolero-bossa nova titulado «*Media noche y sol*». Ahora bien, la canción que más profundo caló en mi mente y en mi corazón fue el montuno «*Pa' que afinquen*».

Este número es un digno representante de ese género de canciones salseras dedicadas a demostrar la pericia del sonero. Al igual que el «rap» y el «regetón» contemporáneo, la pericia y la habilidad del cantante es uno de los temas recurrentes en la Salsa. Se puede decir que cada cantante y que cada orquesta ha grabado un número como éstos, sea «*Yo puedo más que tú*», del Sabor de Nacho; o «*Pa' bravo yo*» de Justo Betancourt.

Sin embargo, «*Pa' que afinquen*» se distingue del resto de las canciones donde el cantante hace alarde de su habilidad, su apariencia, o su carácter. El cantante reconoce que ha guardado silencio por un tiempo y que ahora necesita volver, retornar, o, como se dice en Castilla la Vieja, hacer un «comeback». Específicamente, la canción ataca a los cantantes que, sin tener habilidades comparables a las suyas, se habían hecho famosos durante su ausencia. Acusa a estos soneros «de segunda» de cantar sin clave y sin corazón. El mensaje de la canción es claro. Feliciano regresa al mundo de la Salsa para ocupar el lugar que le pertenece.

Su regreso presagia el retiro de los cantantes de segunda clase.

Esto explica el título de la canción. En la Salsa, la palabra «afinque» se refiere a la calidad musical del cantante y del músico salsero. Se dice que un cantante tiene «afinque», cuando puede mantener el fraseo de sus canciones dentro de la clave. Se dice que un músico tiene «afinque», cuando su ejecución armoniza con la del resto de la orquesta, siempre dentro del marco de la clave. El músico «afincao» no busca sobresalir de manera estridente, sino optimizar la calidad de la pieza musical. En resumen, Feliciano llama a sus compañeros salseros a buscar el «afinque» del que obviamente carecían.

Quizás lo que más me llama la atención de esta canción es la honestidad con la cual enfrenta la vida. El cantante reconoce que perdió terreno y que tiene que volver a empezar. Lo que es más, reconoce que para muchos su carrera estaba muerta. Por eso, en uno de los soneos afirma: «Ahora sí que el fantasma apareció». Aquellas personas que lo habían desechado, ahora tienen que prepararse para lidiar con él otra vez.

En lo que a mí respecta, confieso que en varios momentos de mi vida he tenido pérdidas significativas, tan importantes que amenazaron mi futuro personal y profesional. Sí, como la mayor parte de los seres humanos, yo también he tenido que volver a empezar, que regresar, que hacer un «comeback» para reclamar lo que había ganado

Pa' que afinquen 49

en buena lid. Y también he sentido cómo algunas personas han visto mi regreso con sorpresa, como si vieran un «fantasma» o un «espanto». Hasta le llegué a decir a una de estas personas que sí, había regresado de los muertos, como un vampiro al cual le remueven la estaca que tenía enterrada en el corazón.

Hoy día, doy gracias a Dios porque mi vida está bien orientada. Sin embargo, es hermoso saber que si volviera a pasar por un momento de desorientación, podría volver a empezar. Es precisamente la fe cristiana que orienta mi vida lo que me permite ver el futuro con esa clase de esperanza. El Evangelio afirma que la historia está en las manos de Dios, quien cuida de la humanidad como un padre amoroso. Además, el Evangelio afirma que Jesús el Cristo tuvo el más grande «comeback» de la historia, transformando la derrota que significó la muerte en la cruz en una resonante victoria cuando fue resucitado con poder de entre los muertos. El Evangelio afirma que, por medio del Espíritu Santo de Dios, los creyentes podemos vivir en el poder de la resurrección.

El poder de la resurrección es lo que le permite vivir a los creyentes, al nivel individual, y a la Iglesia, al nivel colectivo. La doctrina de la resurrección nos enseña que el poder de las fuerzas del mal es limitado. Por eso, aun cuando el mal pueda atacarnos y hacernos flaquear, Dios puede guardarnos, restaurarnos, y hasta ayudarnos a volver a empezar. Lo bueno es que, en este caso, quien nos ayuda a reconstruir nuestras vidas no es un «fantasma», sino Jesucristo, el Hijo de Dios, quien venció la muerte y ahora vive por los siglos de los siglos. Por medio de la fe, nosotros podemos vivir unidos a Dios a través de Jesucristo. Por medio de la fe, podemos vivir para siempre en comunión con él.

Confesemos, pues, nuestra fe en Jesucristo. Volvamos a empezar en el poder del Espíritu Santo, testificando del poder de Dios hasta a nuestros enemigos... «pa' que afinquen».

7

Quítate la máscara

¡Barreto! Cualquier conocedor de la música tropical antillana sabe de quién estoy hablando. Ray Barreto, el gigante de manos duras que desde la década de los cincuenta grabó en forma alternada discos dedicados al jazz latino instrumental y a la Salsa para el bailador. Barreto, el músico neoyorquino de pobre español, cuya orquesta fuera una de las piedras angulares del imperio salsero de los años setenta. Barreto, el músico añejo que cincuenta años después de sus primeras rumbas todavía tocaba con los «senior citizens» que componían la revivida Fania All Stars.

Lo triste es que el genio musical de Barreto se vio opacado por el lugar que le tocó ocupar en la historia. Por un lado, para aquéllos que sabemos sonar un tambor, Barreto no fue quien mejor repicó la familia de timbas conocidas como quinto, conga (o seguidora) y tumbadora. Los veteranos afirmaban que Cándido Camero era el mejor tumbador. Otros creían que Armando Peraza, el rey indiscutible del bongó, era el mejor conguero. En mi tiempo, Ramón «Mongo» Santamaría era el rey de las timbas, mientras «Patato» Valdés montaba su «show» tocando cuatro tambores a la vez. Después vino su discípulo «Cachete» Maldonado con el grupo Batacumbele. Y ahora Giovanni Hidalgo, quien tocaba el bongó en dicho grupo cuando era un «nene», es unánimemente reconocido como el mejor «hand percusionist» del mundo. Después de todo, nadie toca siete timbas a la vez como el hijo de Mañengue.

Por otro lado, la potente voz de Adalberto Santiago fue el sello distintivo de los discos clásicos de Barreto. Adalberto fue quien puso la gente a mover el esqueleto con *«Se traba»*, *«Hipocresía y falsedad»* y *«Que viva la música»*. Con el tiempo, Adalberto continuó su carrera cantando con la Típica 73, cantando como solista y ahora con los viejitos de la Fania. Sin embargo, los salseros que nos estamos acercando al medio siglo de edad todavía asociamos a Colón con Lavoe, a Palmieri con Quintana, a Harlow con Miranda y a Barreto con Santiago.

En su letra, las canciones de Barreto no diferían mucho del resto del mundo salsero. Las temas de las canciones de la «Salsa» caen en tres grandes categorías. La primera categoría agrupa aquellas canciones donde el cantante hace alarde de su habilidad, su apariencia, o su carácter. Canciones como *«Pa' bravo yo»*, *«Traigo de todo»*, o *«Pa' que afinquen*» son buenos ejemplos de este grupo. La segunda categoría se compone de canciones que tocan temas patrióticos, donde se exalta el barrio, la ciudad, o el país natal. Los ejemplos de esta categoría se multiplican: Palmieri grabó «*Puerto Rico*»; Harlow, «*A todos los barrios*»; Rohena, «*Los pobres*»; Richie Ray «*Guarataro*»; Justo Betancourt, «*Matanzas*»; y Blades, la hiperbólica «*Patria*».

La tercera categoría difiere considerablemente de las anteriores. Esta agrupa aquellas canciones donde el despechado cantante recuerda un amor fallido. Estas canciones son tremendamente sexistas, pues en ellas, por regla general, un hombre narra las angustias producidas por los engaños de una mala mujer. Este es el tipo de canción que predomina en la vellonera de la cantina del barrio; es la canción que un borracho escucha una y otra vez para sumirse en la depresión y la desesperanza.

Aunque podríamos nombrar cientos de canciones en esta categoría, una canción de Barreto nos provee el mejor ejemplo: «*Quítate la máscara*». En esta canción la potente voz de Adalberto Santiago canta en tonos menores las angustias de un viejo amor que «ni se olvida ni se deja». La misma comienza con el coro, exhortando a la mujer traicionera a quitarse la máscara. Las estrofas explican por qué el dolor del cantante es tan profundo. Ante los ojos de toda la humanidad, la mujer que lo ha despreciado es un dechado de virtudes. Ella es la «buena» de la novela mientras él es visto como un mero «maleante». Esto le presenta un grave problema ético al caballero, quien tiene que escoger entre deshonrar públicamente a la mujer que ama o aguantar «como un macho» el desprecio de la gente que no conoce la maldad de la mujer que le ha despreciado.

El dilema ético consume al hombre sufrido que es muy macho para dejar que una mujer juegue con él y muy caballero para denunciarla públicamente. Nuestro antihéroe sólo encuentra una solución a este problema, exhortar a la mujer que lo hirió a confesar voluntariamente su maldad. Este desafío, resumido en la frase «quítate la máscara», se repite en el primer coro de la canción. Sin embargo, al final, el cantante comprende que todo es inútil. Su «ex» nunca confesará su maldad. Ante los ojos del mundo ella siempre será la «buena» y él siempre será un descarado. Por eso el segundo y último coro se limita a denunciar a la malvada inocente, diciendo, «eres mala y bandolera».

Es fácil comprender por qué esta canción ha sido y siempre será una de las reinas de la vellonera. De forma anónima, le permite a ese borracho que trata de ahogar sus penas en un «shot» de ron gritarle «eres mala y bandolera» a la mujer que le engañó. Le permite decirle en forma solapada a su amada ex-mujer lo que no se atreve a decirle públicamente: «quítate la máscara».

Quizás la imagen de la máscara resuena con tanta facilidad en nosotros porque, en algún momento de la vida, todo el mundo esconde sus verdaderos sentimientos. En algún momento, todo ser humano trata de engañarse a sí mismo, pretendiendo ser lo que no es.

La tradición cristiana tiene un nombre particular para esta tendencia a pretender ser lo que no se es: pecado. Sí, el pecado es más que un acto errado o una acción equivocada. El pecado es una fuerza maligna que nos empuja a destruir a los demás y a destruirnos a nosotros mismos. El pecado es una actitud de rebelión contra Dios. La causa de este impulso malsano es nuestro deseo de vivir sin Dios. Es más, es nuestro deseo de ser nuestros propios "dioses".

La Biblia contiene varios relatos que hablan sobre el pecado. Quizás el más conocido es el de Adán y Eva. La mayor parte de la gente asocia la «caída» del estado de gracia con la conocida «manzana» (aunque la Biblia no menciona manzana alguna). No obstante, esto es un error. Eva resistió la tentación de comer del fruto del árbol del bien y el mal hasta que la serpiente le aseguró que al comer del fruto prohibido sería igual a Dios (véase Génesis 3). Por lo tanto, podemos decir que la raíz del pecado es tratar de ser dios; tratar de hacerse pasar por algo que uno no es.

En cierto sentido, podemos decir que Dios le dice «quítate la máscara» a todo hombre y a toda mujer. Dios nos llama a dejar de engañar a otras personas y a dejar de engañarnos a nosotros mismos. Dios nos desafía a tomar responsabilidad por nuestros propios actos, confesando nuestras muchas maldades. Dios nos llama a confesar que somos «malos y bandoleros».

Por todas estas razones, debemos escuchar el contenido de esta canción como un mensaje de parte de Dios para cada uno de nosotros. Sí, es fácil condenar a otros. Lo difícil es reconocer que usted y yo debemos «quitarnos la máscara» también.

8

Mantequita caliente

Durante la década de los 1950, tres nombres dominaban el escenario musical latino en la ciudad de Nueva York. El primero era Frank «Machito» Grillo y sus Afro-Cuban Boys. Machito, quien cantaba junto con su hermana Graciela, fue uno de los pioneros del jazz latino. El segundo era Tito Puente, quien no sólo era el dueño de su orquesta sino su director musical. Esto lo distinguió de las otras dos bandas, que eran dirigidas por cantantes y, por lo tanto, necesitaban contratar directores musicales tales como Mario Bauzá y René Hernández. El tercero era Tito Rodríguez.

Pablo «Tito» Rodríguez era un cantante puertorriqueño que se destacaba por su forma de frasear las canciones. Aunque al principio de su carrera cantaba de manera normal, con el tiempo desarrolló una forma de cantar muy particular. Rodríguez adoptaba una voz nasal y dividía las estrofas de las palabras de acuerdo a su patrón de respiración. El pueblo apodó su estilo como «el jaleito». En cualquier caso, ese «jaleito» lo hizo famoso.

Aunque al comienzo de sus respectivas carreras trabajaron juntos en algunas ocasiones, con el tiempo las orquestas de Puente y de Rodríguez se convirtieron en grandes rivales. La rivalidad no era personal, sino profesional. Puente explica en una de las entrevistas que le hiciera Steven Loza para su libro *Recordando a Tito Puente* que tanto él como Rodríguez estipulaban en sus contratos que su orquesta debía recibir «top billing», es decir, que su nombre debía resaltar sobre cualquier otro grupo que fuera a tocar con ellos un baile. Esto impidió que ocurriera lo que muchos soñaron: ver a las dos orquestas tocar durante la misma noche un baile en el Palladium, el club nocturno latino más importante en Nueva York durante la década de los 50 y de los 60.

Los salseros menores de 50 años tienden a recordar a Rodríguez como baladista, no como salsero. Si bien su orquesta tocaba el mambo y el jazz latino tan bien como la de Puente, al final de su carrera Rodríguez grabó discos de baladas y de boleros que le llevaron al estrellato. Pero el hecho es que Tito Rodríguez, quien también tocaba su poco de percusión, era un gran sonero. Basta escuchar «Algo nuevo», uno de sus últimos discos, para comprender que Rodríguez llevaba la rumba en las venas.

La canción que deseo comentar en esta ocasión no es fue uno de sus números más famosos. No es

Mantequita caliente 59

«*Payaso*», ni «*Cuando, cuando*», ni «*Mama Güela*». La canción que sirve de base a nuestra reflexión se titula «*Mantequita caliente*». La misma narra la historia de un muchacho llamado «Pepito», quien repentinamente se ha convertido en un modelo de buena conducta. De manera casi milagrosa, el proverbial Pepito ha cambiado tanto que ahora va todos los días al colegio, su mamá no tiene razones para regañarlo y su padre goza de todo su respeto. ¿Qué es lo que ha motivado este cambio tan radical? De manera críptica, Rodríguez afirma que lo que ha motivado el cambio de Pepito es su miedo a «quemarse con la mantequita caliente».

De primera intención, la razón que ofrece Rodríguez no hace sentido alguno. Sí, es cierto que hasta la década del 1960 era normal usar manteca de cerdo para cocinar y para freír los alimentos. También es cierto que fuimos muchos los que sufrimos graves quemaduras con manteca, casi siempre por meter la mano en una cazuela para buscar un pedazo de tocino. Sin embargo, las quemaduras con manteca caliente no tienen cualidades mágicas para transformar la mala conducta de la juventud hispana.

Podemos, pues, descartar la idea de que la canción se refiere a la manteca que se usaba para cocinar. Esto nos lleva necesariamente a considerar otra alternativa. Es posible que la canción sea una referencia a la heroína, una droga ilegal que se conoce en la calle como «tecata», «teca» o «manteca».

«¡Herejía!» pensaran muchos. ¿Cómo es posible que un mambo tan inocente y juguetón se refiera a una droga tan letal? Lo que es más, ¿acaso en ese tiempo se usaba la heroína?

Pensemos un poco sobre estos argumentos. Antes de la llegada de la Salsa erótica, la mayor parte de las canciones tropicales eran cómicas o picarescas. Por lo tanto, no debe sorprendernos que una canción como «Mantequita» tenga doble sentido.

Por otro lado, el uso de drogas y de otras substancias alucinógenas es tan viejo como la misma humanidad. En todo tiempo y en toda cultura, los seres humanos han buscado la manera de llegar al éxtasis por medio de substancias, filtros y pociones.

Además, el hecho es que durante la época de Rodríguez otros músicos grabaron canciones que exaltaban el uso de las drogas ilegales, en general, y de la heroína, en particular. Por ejemplo, el mismísimo Machito grabó una canción titulada «¡*Ay, que mate!*». En la misma, afirma que ha encontrado un «mate» especial. Como muchos sabrán, en el cono sur de América del Sur la gente acostumbra a tomar «mate». Este es una especie de té, resultado de la combinación de la hierva mate con agua caliente. Tomar el mate es todo un ritual suramericano.

Machito dice que ha encontrado un mate distinto al argentino. Es blanco y da fuerzas a quien lo usa. En los soneos de la canción, Machito

Mantequita caliente 61

dice que su mate también se conoce como «h» y dice que Juana de Arco es su «heroína». También comenta en forma misteriosa que su «mate de fuerza blanca» se vende por libras. ¡Hay que estar sordo para no darse cuenta que Macho está celebrando el uso de las drogas, particularmente de la heroína, en una canción grabada en el 1951!

Todas estas razones me llevan a afirmar que la «mantequita caliente» a la cual teme Pepito es la heroína. Felicitemos, pues, al muchacho por su buen juicio. El uso de las drogas ilegales, al igual que el abuso del alcohol, tienen un potencial destructivo muy grande. La heroína es una de las drogas más adictivas que conoce la humanidad. Recuperarse de la dependencia de esta droga es difícil para todos e imposible para algunos.

Son muchos los músicos que vieron sus carreras acortadas por el uso de la heroína. El caso más triste es el de Héctor Lavoe, quien fuera cantante de la orquesta de Willie Colón y una de las más grandes Estrellas de Fania. En el libro *Cada cabeza es un mundo*, el periodista puertorriqueño Jaime Torres Torres narra cómo la dependencia de la heroína causó el descenso de Lavoe a un verdadero infierno que terminó acabando con su vida. La droga no sólo lo llevó a lanzarse al vacío desde el balcón de un hotel en San Juan, sino que fue el vehículo por medio del cual Lavoe contrajo el virus del SIDA.

Yo nunca usé drogas ilegales. Mi droga preferida era el alcohol. Mis tíos me enseñaron que los hombres de verdad tomaban licor, mientras que la droga era para los «hombres afeminados» (por decirlo de manera elegante). En gran parte, este mito urbano fue lo que me alejó de las drogas ilegales.

Sin embargo, la dependencia del alcohol puede ser tan peligrosa como la dependencia de las drogas ilícitas. Todavía recuerdo la tarde aquella cuando intenté tomar un lápiz para hacer una tarea escolar. Llevaba dos días sin tomar y mis manos estaban temblando. En vano, traté de agarrar el lápiz con mi mano derecha para escribir en mi cuaderno escolar. El lápiz salió volando, chocando contra la ventana del cuarto y cayendo al patio de la casa. A los quince años estaba sufriendo síntomas de «*delirium tremens*».

La buena noticia es que la fe me ayudó a superar la dependencia del alcohol. Doña Rafaela Martínez, una anciana de mi iglesia, estaba condenada a una cama por sufrir de mal de Parkinson en estado avanzado. Doña Rafa se dedicaba a leer la Biblia, y a orar. Después de la muerte de mi madre, Doña Rafa tomó gran interés en mí, dedicando varias horas a la semana para orar por el hijo de Sabina.

Yo hice profesión de fe el Domingo de Ramos de 1976 en la Iglesia Cristiana (Discípulos de Cristo) en Sierra Linda, Bayamón, Puerto Rico. El Rev. Juan Figueroa, pastor de la Iglesia, me recibió con amor en el altar y oró por mí. La gente me decía que Dios iba a transformar mi vida por el poder del Espíritu Santo, como si yo supiera de qué hablaban. La primera prueba de la veracidad de mi conversión ocurrió cerca de dos semanas después del día cuando me «entregué al Señor». En el último período de clases, comencé a temblar como una hoja. Mis manos, mis pies y todo mi cuerpo temblaban sin cesar. Sentía que el corazón se me iba a salir por la boca. Cuando salí de la escuela corrí a la casa de mi tío José Antonio, donde fui a vivir después de la muerte de mi madre. Pasaron varias horas antes de terminar de temblar.

Tres días después tuve otro episodio, también al final de clases. Sin embargo, ese día yo había organizado una «protesta» (más bien, un vacilón) donde casi todos los estudiantes comenzamos a leer el inglés como si fuera español. Estudiante tras estudiante pronunciaba las palabras de la lectura asignada como si estuvieran escritas en español. La maestra se molestó mucho, con toda razón, y nos retuvo cerca de media hora después del final de las clases.

Yo estaba temblando como nunca. Estaba a punto de perder el control. Cuando finalmente salí del salón, comencé a pegarle a un compañero de estudios. A pesar de mi corta estatura, lo levanté en vilo como si fuera un saco de plumas. Gracias a Dios, un par de compañeros intervinieron y evitaron que le hiciera daño al otro estudiante. Semanas después, me indicaron que intervinieron porque estaban seguros que lo que me pasaba estaba relacionado a mi inesperada sobriedad.

Ellos sabían mejor que nadie que yo necesitaba alcohol, porque cuando yo visitaba sus casas me tomaba lo que sus padres tuvieran guardado en sus alacenas.

Volviendo a la historia, salí de la escuela y volví a casa. Me senté en la sala y miré hacia la cocina. Allí había más de una docena de botellas de licor esperando que les diera un beso. No sabía qué hacer. En mi desesperación, llamé a Doña Rafa y le conté lo que me pasaba. Ella me dijo que orara a Dios pidiéndole salud. Me dijo que podía «reprender» el deseo de tomar «en el nombre de Jesucristo». Yo no sabía qué era eso de «reprender», pero ella me explicó que era como darle una orden a algo.

Como yo no había leído la Biblia, no conocía las palabras de Jesús. De acuerdo al versículo 27 del capítulo 3 del Evangelio según San Marcos, Jesús dijo: «Nadie puede entrar en la casa de un hombre fuerte y saquear sus bienes, si antes no lo ata; solamente así podrá saquear su casa.» Jesús dijo estas palabras en respuesta a un grupo de líderes religiosos que lo acusaron de estar endemoniado. Estos decían que él echaba fuera los demonios porque actuaba en el poder de Satanás. Jesús les responde que su acusación no tiene sentido: «¿Cómo puede Satanás echar fuera a Satanás? Si un reino está dividido contra sí mismo, tal reino no puede permanecer» (Marcos 3.23-24). Habiendo desarmado a sus adversarios, Jesús les explica que si él puede echar fuera demonios es porque ha

Mantequita caliente 65

atado a Satanás, del mismo modo que un ladrón solamente puede robar una casa después de atar a su dueño. Lo que Doña Rafa quería enseñarme es que ahora yo le pertenecía a Jesucristo, el mismo que tiene poder para atar a Satanás. Por medio de la fe, ahora yo tenía acceso al poder divino que «sana los enfermos, echa fuera demonios, calma los vientos y la tempestad».

Colgué el teléfono y comencé a orar. Doña Rafa me había dicho que orar era como hablar con una persona cualquiera. Por eso, comencé a orar en voz alta, casi gritando. En el nombre de Jesús, reprendí el deseo de tomar. En el nombre de Jesús, le pedí a Dios que me quitara los temblores. En el nombre de Jesús, reclamé ese poder divino del cual hablaban en la Iglesia.

Los temblores pararon. Nunca más he vuelto a temblar. Al momento de escribir estas letras, llevo más de 30 años sobrio.

El Pepito de la canción de Tito Rodríguez le tenía miedo a las drogas. Yo debo confesar que ya no le tengo miedo alguno al alcohol. Yo no tengo miedo a «quemarme» porque conozco a alguien que es más poderoso que el vicio, que el deseo de auto-destrucción y que las ataduras psicosomáticas que causan las drogas y el alcohol. Jesucristo tiene poder para reprender todo vicio, hasta el que causa la "mantequita caliente".

9

¿Vamos bien?

La década de los sesenta del siglo pasado presentó desafíos terribles para la sociedad puertorriqueña. Este fue un tiempo excitante y pavoroso a la misma vez para todos aquellos que lo recordamos. Fueron muchas las causas de las tensiones que afectaron dicha década. Sin embargo, aquí sólo vamos a mencionar dos. Primero, la historia contemporánea considera la década de los sesenta como un período «liminal» o intermedio entre la muerte de la Era Moderna y el nacimiento de la Post-Modernidad. Esto explica la intensa lucha generacional entre la juventud de la época y las generaciones anteriores, que habían protagonizado tres guerras mundiales en menos de cincuenta años. Segundo, el triunfo de la Revolución Cubana cambió el ambiente socio-político de la Isla. La ideología de la Guerra Fría y la vigilancia de las fuerzas de seguridad estadounidense polarizaron al país.

La Guerra de Vietnam fue la encrucijada donde chocaron estas dos fuerzas sociales. La juventud puertorriqueña de la época tuvo que escoger entre dos opciones terribles: aceptar el servicio militar obligatorio u objetar por conciencia. Ninguna de las dos opciones tenía consecuencias gratas. La opción era entre la jungla o la cárcel. Estas tensiones encontraron expresión en las artes populares. Particularmente, la juventud expresó su ansiedad por medio de la música. Por un lado, muchos jóvenes se convirtieron en fanáticos del «rock» en inglés. En aquella época, el «rock» estadounidense y británico tenían un contenido social mucho más alto que el contemporáneo. En este sentido, el «rock» en español es hijo de los sesenta. Por otro lado, otros jóvenes abrazaron la Nueva Trova cubana, creando así la «música de protesta».

Sin embargo, debo reconocer que dicha «música de protesta» siempre fue elitista. La mayor parte de los oyentes de este tipo de música eran estudiantes universitarios y profesionales jóvenes. Recuerdo cuando la gente me preguntaba en la Universidad: «¿Escuchaste el último disco de Silvio? ¿Qué te pareció la nueva canción de Pablo?» Hablaban de Silvio Rodríguez y de Pablo Milanés así, en absoluto, implicando que toda persona culta debía reconocer al único "Silvio" y al único "Pablo" que valía la pena escuchar.

La masa del pueblo siguió escuchando guaracha y bailando guaguancó, sin prestar mucha atención a la protesta musical de las elites izquierdistas. Sin embargo, el pueblo sí protestaba, pero lo hacía de manera indirecta. Como lo hace hoy día, la persona puertorriqueña promedio de ayer protestaba por medio de la sátira, de la burla y del chiste.

Traigo a su consideración, pues, la hipótesis de que la canción que lanzó la protesta más aguda contra la Guerra de Vietnam no provino de la «música de protesta» ni de la Nueva Trova cubana. No. Mi hipótesis es que la canción que deconstruyó el mito del servicio militar obligatorio de manera devastadora fue «*Vas bien*», grabada por el Gran Combo.

Los «Mulatos del Sabor» grabaron «*Vas bien*», escrita por su director Rafael Ithier, en el 1967. El número, cantado por «Pellín» Rodríguez, narra las peripecias del «hijo de Armando» a quien se lo habían «llevado» para Vietnam. Esta velada referencia al servicio militar obligatorio es el punto de partida del sabroso son.

Resulta que el muchacho fue llevado al lejano país asiático en contra de su voluntad. Allí el teniente le coloca una ametralladora en las manos, pidiéndole que mantenga la calma y afirmándole en todo momento que va bien. El aterrado soldado boricua pronto ve una sombra moverse—que resulta ser la propia—y abandona su puesto corriendo. El teniente trata de explicarle al veloz desertor que no es necesario huir porque él «va bien».

La frase «vas bien» se convierte en el estribillo de la canción. A partir de ese momento, la canción

¿*Vamos bien?* 69

se convierte en un diálogo entre el teniente y el desertor. El coro repite la afirmación del teniente: «¡Vas bien!» Empero, el desertor no le cree. La cómica voz de Pellín expresa los sentimientos del desertor, quien dice que no quiere volver al frente de batalla, sino a su barrio natal en Puertorro. Lo que es más, los soneos de Pellín se transforman en una crítica al servicio militar obligatorio. El sonero pide que se lleven a otros hombres jóvenes en su lugar, criticando así el sistema que eximía a algunos y obligaba a otros a entrar en el ejército. Hasta llega a pedir que se lleven a las mujeres, apuntando a la manera casi genocida como la guerra acaba con los hombres jóvenes de una generación.

Hoy día, los Estados Unidos de Norteamérica están enfrascados en otro conflicto bélico, esta vez en Iraq. Esta es la segunda vez en poco más de diez años que la nación norteamericana ocupa dicho país. En nombre de la paz y del antiterrorismo, los ejércitos estadounidenses han matado a decenas de miles de árabes. Al mismo tiempo que la economía estadounidense está pasando por una grave y sostenida crisis, el liderazgo del país nos dirige a la guerra. Como el teniente de la canción, el Presidente Bush, hijo de Bush, pone la metralla en las manos del soldado puertorriqueño y le dice: «Vas bien, muchacho, vas bien».

Eso nos lleva a preguntar si el «teniente» tiene razón. ¿Acaso vamos bien? ¿Acaso será correcto ir al campo de batalla iraquí con metralla en mano en nombre de la guerra contra el terrorismo? O, por el contrario, ¿acaso debemos exhortar a la juventud a resistir el servicio militar?

Mi humilde opinión es que no vamos bien. Creo que, en este momento, la guerra contra Iraq sólo está causando la radicalización de la juventud árabe. Esto está provocando más actos terroristas, tal como la represión Israelí ha «parido» una generación de palestinos dispuestos morir con una bomba amarrada al pecho con tal de matar a alguno de sus «enemigos». Mi temor es que, en lugar de acabar con el terrorismo, la guerra está abonando el terreno donde nacerán muchos más terroristas.

En resumen, yo tampoco le creo al «teniente». Al igual que el «hijo de Armando», no le creo a los militares que nos dicen que vamos bien. No les creo, por más que me digan: «Vas bien, muchacho, vas bien».

10

El Rey del timbal

Puente: sólo una palabra basta para identificar al rey de la música latina. El «entertainer» pedante que aún a los 70 años afirmaba ser el mejor percusionista latino del mundo. Tito Puente es un nombre que aprendí muy temprano en la vida. Mi tío Carlos, a quien apodaban «el Sapo» por sus ojos saltones, era un extraordinario bongosero y su amigo «Poto» era un excelente conguero y timbalero. Cuando yo era un niño, «Poto y el Sapo» eran adolescentes que dedicaban sus tardes a rumbear en la casa de mi abuela. En mi ignorancia, yo creía que Joe Cuba, Mongo Santamaría y Tito Puente eran muchachos del barrio con los cuales ellos rumbeaban en la esquina, no artistas que ellos conocían sólo a través de sus discos.

Con el tiempo, Carlos me enseño a tocar campana, bongó y conga. Mi madre me compró un timbal, que aprendí a tocar prácticamente por mi cuenta. Después, Carlos procuró que Poto me diera un par de clases de timbal. A los quince años ya era un percusionista latino completo.

Lo triste es que mientras mi vida musical se enriquecía, mi mundo personal se derrumbaba. A los once años supe que fui un niño no deseado, un «error de juventud», como decía Muñoz Marín. A los doce vi a mi madre, quien era soltera, embarazada. A los trece ella enfermó de lo que eventualmente se diagnosticó como cáncer estomacal. A los catorce, murió.

Esos años fueron tiempos de creciente pobreza y profunda soledad. En verdad, deseaba escapar de la situación que me rodeaba. Después de llegar de la escuela, dedicaba varias horas a escuchar música, a tocar mi timbal y a repicar mi bongó. En mis noches de desvelo, soñaba ser un gran rumbero. Desechando el nombre y el apellido de mi padre, mi nombre musical sería mi apodo y el apellido de mi madre: El Toño Rojas (si, «el» porque en esos tiempos yo hablaba de mí mismo en tercera persona, pero eso es otra historia). En una libreta, dibujaba el «layout» de mi futura orquesta: «The Toño Rojas Red Orchestra» (si, en inglés, aunque yo era independentista, pero eso es otra historia). También escogía los títulos de mis discos: «Al Rojo Vivo», «Rojas in Red», «Timbal, Timbal», «Congo-Timbero», y «Live!».

Mi mayor fantasía era tener un encuentro «mano a mano» con Tito Puente en el Madison Square Garden. Allí estaba Puente, con su pelo blanco y sus tres timbales. Allí estaba yo, con mi timbal rojo metálico, con campanas rojas, y palos rojos. Puente echaba un solo descomunal al son de «El Rey del Timbal», mientras la gente gritaba enloquecida «¡Tito! ¡Tito!». Después, yo llegaba a la tarima como el contrincante, el «underdog», o el «new kid on the block». Mi solo de timbal era recibido con silencio que evidenciaba sorpresa. Los aplausos no comenzaban hasta el final de la canción, después de la cual el público gritaba «¡Toño! ¡Toño!». Puente subía a la tarima y, con solemnidad, me entregaba sus palos de timbal. Al final del evento, el Toño Rojas era universalmente conocido como el nuevo «Rey del Timbal.»

Si, en mis sueños quinceañeros yo era el príncipe heredero al trono de la rumba buena. En mi realidad, era un muchacho pobre, criado lejos de su padre, cuya madre estaba muriendo y cuyo futuro era cada vez más incierto.

En esos años mi tío Carlos conoció el evangelio. Del mismo modo que años antes me había iniciado en la rumba, ahora me iniciaba en los caminos del Señor. Carlos se hizo miembro de la Iglesia Cristiana (Discípulos de Cristo) en la Calle Comerío, en Bayamón, PR. Esto cambió nuestra relación. Todavía nos juntábamos para rumbear al son de los discos de Puente y de Carl Tjader, pero ahora la conversación incluía referencias religiosas. Por un lado, me llevaba discos nuevos. Por otro lado, me llevaba a la iglesia. Así, quien me presentó a Tito Puente como «Rey del Timbal», también me presentó a Jesús de Nazaret, como «Rey de Reyes y Señor de Señores».

Con el tiempo, la vida se complicó y tanto Carlos como yo tuvimos que escoger a cual «rey» debíamos servir en esta vida. Carlos escogió a Puente, volviendo a su antigua vida nocturna y bohemia. Yo decidí quedarme con Jesús. Pero no me engaño a mí mismo. Muy bien pudo haber pasado lo contrario. Muy bien pude haber sido yo el músico trasnochado.

A finales del 1991, mucho tiempo después de estar en los caminos del Señor, pude conocer a Tito Puente personalmente. Erick, mi hermano, y yo fuimos a ver un concierto del «Tito Puente Jazz Ensemble» en el Hotel Sands, en San Juan, PR. Había poca gente, lo que le dio una nota de intimidad al recital. No hablamos, pero pude saludarlo. De haber hablado con él me hubiera gustado darle las gracias por ser mi amigo a la distancia a través de los años. Le hubiera dado las gracias por ayudarme a soñar en el momento donde la vida parecía más gris.

Volví a ver a Puente en Atlanta, en un concierto que formó parte de la «Olimpiada cultural» paralela a los Juegos Olímpicos del 1996. El concierto fue en el «House of Blues», que estaba lleno a toda capacidad. En esa ocasión, grité a coro «¡Tito! ¡Tito!» con el entusiasmo de un chiquillo. Disfruté la primera parte del concierto, dedicada al jazz latino, y me fui poco después de que apareciera Celia Cruz en tarima, pero eso es otra historia.

Hoy mismo, cuando escribo estas cuartillas, viajé a mi oficina al son de la orquesta de Puente, escuchando su «Mambo Birdland» por el cual ganó el Grammy en el 2000. Cuando lo escucho, voy coreando calle abajo su «*Tremendo guaguancó*», tarareando su «*Mambo gozón*», y soneando al coro de «*Mi mamita*». A veces, me sobrecoge la nostalgia y me pregunto si hice bien en dejar la rumba por la cruz. Me pregunto si, en lugar de usar el micrófono para predicar, debiera usarlo para amplificar el sonido de mi timbal.

Entonces llego a una Iglesia donde hay jóvenes en situaciones tan adversas como la mía. Entonces predico con toda el alma, anunciando que en Cristo hay vida. Entonces invito a quienes sufren a acudir al altar, asegurándole que Cristo Jesús puede darles una vida sana y nueva, si le entregan la vida vieja y enferma. Entonces un joven pasa al altar llorando y riendo porque ha encontrado la paz. Entonces oro por él, sintiendo el poder de Dios recorriendo todo mi cuerpo. Entonces termina el culto y saludo a la gente. Entonces vuelvo a mi auto, convencido de que dedicar mi vida al servicio del Rey Crucificado fue la mejor decisión que jamás pude tomar.

Quizás todos los seres humanos tenemos que tomar una decisión como esa en algún momento de nuestras vidas. Después de todo, el «Rey»

Jesús de Nazaret, dijo: «Ninguno puede servir a dos señores, porque odiará al uno y amará al otro, o estimará al uno y menospreciará al otro. No podéis servir a Dios y a las riquezas» (Mateo 6.24). En mi caso, yo tuve que escoger entre Tito Puente y Jesús de Nazaret.

Quizás usted haya tenido que tomar una decisión similar. Quizás usted tendrá que enfrentar ese dilema en el futuro. No sé cuando, ni dónde, ni cómo. Pero sé que en la vida de todo ser humano hay un momento clave, donde uno se juega su futuro espiritual. Quiera Dios iluminarle cuando llegue ese momento.

No debo terminar sin contestar la pregunta trivial que usted tiene en la mente. Sí, de vez en cuando, tengo la oportunidad de repicar un timbal. Una de las ocasiones más memorables fue en Nueva York. Después del culto de cierre de la Asamblea de nuestras iglesias hispanas en el área, la juventud entonó un coro de alabanza; los muchachos de la Iglesia Cristiana «La Hermosa» tocaron tremenda rumba; y yo toqué un buen solo de timbal, pero eso es otra historia.

11

Cuando me digas sí

Como se puede inferir de las muchas alusiones a su música en este libro, la orquesta de Ricardo Ray era mi preferida. Sí, Puente en sus muchas manifestaciones era mi ídolo, pero mi sonido preferido era el de Richie y Bobby. Sí, porque Ricardo Ray y Bobby Cruz han sido un dúo inseparable a través de los años.

Tenía cerca de 11 años cuando conocí la música del dúo dinámico de la Salsa. Fue a través del disco «Agúzate», que pertenecía a mi tía Nidia. El disco me voló la cabeza. Richie combinaba su virtuosismo en el piano con una sección de ritmo «afincada» y otra sección de trompetas. A diferencia de la mayor parte de las orquestas de la época, no tenía trombones ni saxofones (que comenzaron a ser vistos como «old school»). La combinación de ritmos era impresionante: *«Agúzate»*, la canción titular, y *«Amparo Arrebato»* eran tremendos guaguancós. Por su parte, *«Guaguancó raro»* era innovador, un número adelantado a su tiempo.

Los «covers» de baladas americanas como «*You've Lost That Loving Feeling*» le daban un sabor distinto al disco. Finalmente, «*A mi manera/My Way*» le permitia a Bobby demostrar una vez más sus dotes de bolerista.

Como con otros artistas, con el tiempo me di cuenta que ya conocía la música de Richie, aunque no la asociaba con su nombre. «*Mr. Trumpet Man*» es otra de las canciones que acunaron mis primeros años de vida. Richie había comenzado a tocar en la era del «boogaloo» y ahora estaba en camino a ser el rey de la Salsa.

Otro evento que recuerdo es el concierto donde Richie y Bobby se coronaron como los reyes de la Salsa en Puerto Rico. El dúo había trasladado su orquesta a Puerto Rico, movida que los convirtió, como una vez escuché a Bobby Cruz describir, en «el pez grande en la pecera pequeña». Esto quedó comprobado cuando se hizo un concurso para escoger la mejor orquesta de Salsa de Puerto Rico. Compitieron varios grupos, quedando como finalistas La Selecta de Raffy Leavitt y la Orquesta de Ricardo Ray. El combate final, transmitido por el Canal 7, se definió con el estreno de la canción «*La zafra*». Este número comienza con una armonía de voces que, imitando la percusión, sirven como fondo musical a la voz de Bobby. Era un concepto único, que después fue avanzado por grupos como «Vocal Sampling» en Cuba. De todos modos, las voces daban paso a un tremendo guaguancó donde brillaba la percusión. Recuerdo que Manolito, el bongosero del grupo, dio el primer solo de campana que ví jamás. Del mismo modo, tocó un solo de bongós usando palos de timbal, concepto que después sería perfeccionado por Roberto Rohena. «*La zafra*» se incluye en el disco «Jammin Live», donde el solo le tocó al timbalero Charlie «el Pirata» Cotto. El tercer elemento de la percusión era el conguero Manuel Hidalgo, mejor conocido como «Mañenge». Este es el señor padre de Giovanni Hidalgo, a quien los percusionistas viejos (como yo) todavía le llamamos «Mañenguito». En todo caso, la Orquesta de Ricardo Ray y Bobby Cruz no sólo ganó el título de los reyes de la Salsa en Puerto Rico, sino que también ganó en mí a un nuevo fanático.

Para este tiempo, yo había empezado a tocar timbales. Todas las tardes, mientras esperaba que mi madre llegara del trabajo, yo dedicaba varias horas a «practicar» mi instrumento. Por cerca de una hora, ponía música y me ponía a tocar, imitando los sonidos que escuchaba. La «dieta» diaria consistía de Puente, Willy Colón y Richie Ray. Uno de mis discos favoritos era el que estos últimos grabaron para Navidad, disco que escuchaba con audífonos para evitar que el vecindario escuchara música navideña en el mes de julio.

Imitando al «Pirata», compré un juego de platillos «hi-hat» para tocar durante los solos de piano. Este era otro sonido único en la Salsa;

otro de los muchos sellos distintivos de Ricardo y Bobby.

¿Mis canciones preferidas? Son demasiadas para contar. «*Sonido Bestial*», «*Guanguancó Triste*», «*El diferente*», «*Señora*» y «*Cristóbal Celai*» son algunas de las muchas que marcaron puntos importantes en mi vida. Sin embargo, hay dos boleros que me tocaron el alma: «*Si algún día te vas*» y «*Cuando me digas sí*».

«*Si algún día te vas*» es parte de uno de los discos de boleros que grabó el conjunto. Como indiqué anteriormente, la versatilidad de la orquesta le permitía tomarse estas libertades. El bolero es increíblemente depresivo. En él, el cantante detalla lo que haría si su mujer amada se fuera, sólo para indicar al final que ella ya se ha ido. Yo tocaba la canción a menudo, particularmente los viernes en la noche, cuando mi madre no llegaba del trabajo hasta cerca de las 10:30 de la noche. Lo ponía una y otra vez, mientras tomaba Ron «Granado» o «Palo Viejo», ya fuera «strike» o con Coca Cola y limón. Alternaba este disco con uno de boleros de Cheo Feliciano, el que grabó con Calandrelli. Cuando mi madre llegaba agotada después de más de 12 horas de trabajo continuo, encontraba a su hijo de trece años borracho y deprimido.

«*Cuando me digas sí*» es una balada de amor, cantada a dúo con «La Vimari». Tanto ésta como la anterior hablan sobre el mismo tema: cómo enfrentar una pérdida. La primera, anticipa y confronta la pérdida; la segunda, desea evitarla.

El hecho es que la inmensa mayoría de los boleros y las baladas tratan sobre este tema. Los seres humanos somos entes sociales, creados para vivir en comunidad. Sin embargo, vivimos ante el peligro constante de perder las personas amadas. Por eso, casi todas las canciones de amor juegan con variantes del tema: no me dejes solo, no te vayas, quédate conmigo, por qué te fuiste y regresa a mí.

A los catorce años yo perdí un gran amor: mi madre. Víctima de un agresivo cáncer estomacal, se consumió en menos de 18 meses. Visitó un sinnúmero de especialistas que le dieron un sinnúmero de diagnósticos diferentes. Finalmente una endoscopía confirmó que el cáncer estomacal era una sentencia de muerte, rápida y dolorosa.

Para ese tiempo, Richie y Bobby también me abandonaron. Las noticias de farándula confirmaban que los Reyes de la Salsa abandonaban el género, porque se habían convertido a la fe cristiana. En mi mente adolescente, Dios me estaba quitando tres cosas a la vez: mi madre, mi orquesta favorita y la posibilidad de cumplir mi sueño de, alguna vez, tocar con Ricardo y Bobby.

Mi madre agonizaba cuando vi a Ricardo y a Bobby por primera vez. Fue en la Iglesia Cristiana (Discípulos de Cristo) de la Calle Comerío en Bayamón, Puerto Rico. Los ex-salseros fueron con un conjunto de rock a tocar música religiosa y a dar su «testimonio». Yo me ubiqué en el segundo piso del templo, directamente sobre la parte del altar donde se encontraba la sección de percusión. Honestamente, apenas recuerdo las palabras que escuché. Sólo me concentré en aprender todo lo que pudiera sobre las técnicas para tocar conga y batería, instrumento que había comenzado a explorar con el propósito de tocar música brasileña.

Poco después de este evento, mi madre murió. Yo me concentré más en la música, expandiendo mis prácticas diarias a dos horas: una de timbal, media de bongó y media de tumbadora. Mis planes eran ser un músico de hotel, lo que me permitiría dedicarme a mis dos pasiones principales: la música y la bebida.

En esos tiempos mi tío Carlos se convirtió, también en la Iglesia de la Calle Comerío. Carlos, mi maestro y compañero de rumbas, me presentó el evangelio. Empero, yo tomaba cada día más.

Todo cambió durante la Semana Santa del 1976. Por un lado, Carlos me llevó a su Iglesia, donde escuché a la Rev. Aimee García de Cortese. Por otro lado, comencé a visitar la Iglesia Cristiana (Discípulos de Cristo) en Sierra Linda, Bayamón, para pasar más tiempo junto a Mayra, una chica a la que yo apodaba «la Prieta» y que por un tiempo fue mi interés romántico. Yo acepté a Jesucristo como Señor y Salvador de mi vida esa Semana Santa. Agotado por la lucha con la vida, me arrodillé en el altar de la Iglesia en Sierra Linda y me rendí ante el Dios que hasta ese día había considerado mi enemigo.

En aquel tiempo, yo no sabía que Dios promete dar una nueva vida a las personas que se acercan con fe al Señor Jesucristo. No sabía absolutamente nada de la doctrina del nuevo nacimiento, ni de la regeneración, ni mucho menos de la santificación. El día de mi conversión, mi oración se limitó a decir: «Dios, si tú existes, haz algo con mi vida».

Dios comenzó a transformarme tan pronto me convertí. Lo primero fue lidiar con la bebida, pues ya había comenzado a temblar cuando pasaba más de dos días alejado del licor. Los temblores que tuve después de mi conversión eran terribles, pero desaparecían tan pronto comenzaba a orar. Esto me convenció de que Dios era poderoso.

Lo segundo fue procesar las pérdidas. Criado lejos de mi padre y habiendo perdido a mi madre, mi vida hasta el momento había sido infeliz. Mis hermanos en la fe me exhortaron a leer la Biblia, donde encontré promesas de Dios para la gente de fe. Una de ellas dice: «Aunque mi padre y mi madre me dejen, con todo, Jehová me recogerá» (Salmo 27.10). La Iglesia se convirtió en mi nueva familia, donde encontré gente que me amaba y que serían mis modelos y mis mentores.

Tercero, aprendí que la vida de fe puede ser excitante. Dios no es aburrido. ¡Todo lo contrario! Acercarse a Dios es ponerse en contacto con la fuente de las fuerzas de la vida. Conectado a ese poder divino, comencé a rehacer mi vida.

El proceso de recuperación y transformación, aunque comenzó inmediatamente, fue sumamente largo. Fueron muchas las cosas que tuve que dejar a un lado para poder progresar en la fe. Una de ellas fue la música. Por más de dos años no toqué un tambor ni escuché un disco de música tropical. Fue un tiempo para desintoxicar mi vida de todas las influencias negativas del ayer. Mi timbal, mi batería y mi quinto estuvieron encerrados en un armario hasta que me sentí lo suficientemente fuerte—en términos emocionales y espirituales— para volver a sonarlos sin sentir el deseo de ingerir alcohol.

Mi regreso a la música fue lento. Primero, traté de aprender a tocar guitarra, matriculándome en la escuela de Mario Scharon. En pocos meses dominé los tonos básicos y hasta algunos avanzados. Sin embargo, no podía tocar de «oído», sólo podía hacerlo si alguien me daba los acordes. Segundo, me matriculé en el Instituto Musical Discípulos de Cristo, también en Bayamón. Por unos meses estudié guitarra clásica, pero no era lo mío. Mi habilidad estaba en la percusión.

Para ese tiempo, formamos un grupo musical llamado «Maranatha» en mi congregación, la Iglesia Cristiana (Discípulos de Cristo) en la Avenida Universidad de Bayamón. Teníamos un trío de «jazz» compuesto por piano, tocado por el hoy Rev. Héctor S. Reyes, bajo, tocado por Víctor Más, y batería. Un grupo de jóvenes de las familias Reyes y Rosado cantaban al unísono canciones «gospel» traducidas al español e himnos tradicionales con ritmos modernos.

Por medio de la Asociación Bíblica Universitaria de la Universidad de Puerto Rico me conecté con otros músicos cristianos, quienes prácticamente me forzaron a volver a tocar música tropical. Esto me llevó al grupo «Surcos», donde tocaba varios instrumentos. Además, comencé a tocar en algunas actividades universitarias, como un drama musical auspiciado por la Confraternidad Universitaria de Avivamiento.

Un buen día, cuando cursaba mi cuarto año de universidad, uno de mis amigos músicos me preguntó si deseaba tocar con Richie Ray y con Bobby Cruz esa noche. Yo me reí de buena gana, pensando que era una broma de mal gusto. Al igual que yo, Richie y Bobby acababan de regresar a la Salsa—esta vez de corte cristiano—después de un tiempo de silencio musical. Mi amigo me indicó que ellos estaban en la Universidad y que necesitaban unas tumbadoras prestadas y un bongosero que pudiera acompañarlos esa misma noche. Caminé con él hasta el Centro de estudiantes, donde escuché a Ricardo y a Bobby dar sus testimonios. Ellos andaban con un joven que había tocado con Willy Colón y que necesitaba unas timbas prestadas. Aún asombrado, me ofrecí tanto a llevar los instrumentos como a tocar con ellos.

Esa noche mágica, en la Iglesia Misericordia de Puerto Nuevo, cumplí mi sueño de tocar con los Reyes de la Salsa. El sueño que había considerado perdido, se volvía realidad. Aunque Richie y

Bobby ni siquiera sabían mi nombre, estaba tocando junto con ellos. El concierto, que comenzó cerca de las 7 PM, se extendió hasta pasadas las 11 PM. Fue una noche especial donde logré como cristiano el sueño que acuñé cuando todavía vivía lejos de Dios.

No sé porqué me sorprendí tanto. Después de todo, ya conocía otra de las promesas de Dios, que dice «Deléitate asimismo en Jehová y él te concederá las peticiones de tu corazón» (Salmo 37.4). Después de todo, Dios me dijo «sí».

12

¿Qué te pedí?

Marta, Marta. Si bien mi tío Carlos fue el que me enseñó a apreciar la música afro-cubana, la que me enseñó a apreciar la balada fue mi tía Marta. Carlos escuchaba a Puente, a Joe Cuba y a Cal Tjader, pero Marta escuchaba a Olga Guillot, a Tito Rodríguez y a La Lupe.

Me tomó años darme cuenta que muchos cantantes caribeños cultivaban tanto la música movida como la balada romántica. Siendo un niño, no me percataba de que, en aquellos tiempos, la mayor parte de los cantantes tenían que tocar bailes donde la gente deseaba bailar desde merengue hasta bolero, pasando por la consabida guaracha. Todavía recuerdo mi sorpresa al escuchar a Don Gilberto Monroig, uno de los mejores boleristas que ha dado Puerto Rico, cantando «*Estoy Frizao*», un guaguancó que grabó originalmente cuando cantaba con Tito Puente o al saber que José Luis Rodríguez comenzó su carrera cantando con los «Billo Caracas Boys» en Venezuela.

También recuerdo la primera vez que escuché a La Lupe cantando un son. Fue un sábado en la mañana. Carlos me llevó a conocer a su amigo «Poto», un experimentado percusionista, para que me diera algunas clases. Poto puso un disco que Tito Puente grabó en homenaje a Rafael Hernández, cuya vocalista era nada menos que La Lupe, la «Reina de la Música Latina».

Sí, yo sé que para la mayor parte de las personas de nuestra generación ese título le pertenece a Celia Cruz, la guarachera de Cuba. Pero durante la década de los sesenta, Celia era una «has been» que se dedicaba a cantar «ad nauseam» las viejas canciones de la Sonora Matancera. Exilada en México, Celia se limitaba a repetir una y otra vez que «Burundanga le dio a Bernabé» y que traía «yerba santa pa' la garganta». No fue hasta que pegó «*Aquarius*», también con la orquesta de Tito Puente, que volvió al panorama. Entonces Jerry Massuci la contrató para que fuera la voz femenina de la Fania, grabando exitazos como «*Quimbara*», con Johnny Pacheco, e «*Isadora*» con las Estrellas de Fania.

Empero, Lupe Victoria Yolí Raymond fue la figura femenina principal de la música tropical durante la década de los sesenta. La Lupe cantaba de todo. Grabó merengues, sones, guaguancós, boleros y baladas. Para no dejar de grabar, hasta plasmó toques santeros en el acetato de los discos viejos. Hablando de «crossover» hasta cantaba en inglés, con un acento risible por cierto, grabando clásicos como «*Fever*» y «*This is my life*». Por eso, en mi mente no hay comparación entre Celia y La Lupe. Si bien Celia grabó canciones conmovedoras como «*Usted abusó*», La Lupe grabó «*¿Qué te pedí?*».

El número lleva el sello inconfundible de la orquesta de Tito Puente. Comienza con la lenta cadencia de saxofones y los arpegios del vibráfono. Entonces la aguda voz de La Lupe se hunde en el alma, preguntándole a un hombre amado qué le pedido, sino «leal comprensión». Extraño comienzo para una canción de La Lupe, quien se destacó por las baladas de despecho tales como «*Puro Teatro*», «*La Tirana*» y «*Se acabó*». «*¿Qué te pedí?*» carece de ese tono confrontacional. Por el contrario, aquí La Lupe interpreta a una mujer que por amor está dispuesta a darlo todo a cambio de nada. Lo único que pide es que su amado la comprenda y que confiese que nadie lo ha amado jamás como ella lo ha hecho.

Aunque la confesión de amor requerida no cuesta dinero, en realidad es sumamente costosa. En una relación amorosa siempre hay una persona que se enamora primero y que le pide a la otra persona que le corresponda. Aunque no siempre es el caso, la tendencia humana es amar a quien nos ama. Uno tiende a enamorarse de la persona que le profesa un gran amor.

En este sentido, la aparentemente inocua frase inicial del bolero es un arma mortal. Aceptar que este amor es el más grande que jamás hemos experimentado y que jamás experimentaremos nos obliga a corresponder.

Lo triste del caso es que el amado del bolero de La Lupe, en lugar de corresponderle, la explota pidiéndole «las estrellas y el sol». Y cuando la mujer no puede satisfacer su codicia, el hombre la menosprecia. El quiere dinero, joyas y propiedades, no un simple amor.

De nada valen los ruegos de la mujer enamorada. Ella está dispuesta a entregarse sin condición, pero él no. Al final, la escena termina siendo la misma que al principio. En lugar de corresponder a un gran amor, el hombre está dispuesto a abandonarla.

Los paralelos entre el contenido de este bolero y la vida de La Lupe son impresionantes. Como narra Juan A. Moreno-Velázquez en su libro *Desmitificación de una diva: La verdad sobre la Lupe*, Lupe Victoria Yolí Raymond vivió buscando quien correspondiera a su amor. Amante y generosa, fue buena amiga y compañera. Sin embargo, los amigos y los amantes se dedicaron a explotarla económicamente, despilfarrando la enorme fortuna que La Lupe ganó a lo largo de su carrera. En el ocaso de su vida, la Lupe se encontró casi en la miseria, abandonada por aquéllos que se hicieron ricos a costa de ella.

Es evidente que La Lupe estaba buscando algo, ese algo que también usted y yo buscamos. Al fin y al cabo, todos los seres humanos buscamos lo mismo: necesitamos encontrarle sentido a la vida;

¿Qué te pedí? 91

y necesitamos amar y ser amados. Todos buscamos llenar lo que los filósofos de mediados del siglo XX llamaron el «vacío existencial».

La Lupe murió en la pobreza material, alejada de los lujos que le prodigó su carrera. Desgraciadamente, desperdició muchos años y mucho dinero buscando satisfacer su hambre espiritual por medio de la santería. Sin embargo, eso nunca la llenó.

La Biblia explica por qué personas tan exitosas como La Lupe llegan a vivir con una tristeza tan inmensa. Santiago 4.2-10 dice:

> Codiciáis, y no tenéis; matáis y ardéis de envidia, y no podéis alcanzar; combatís y lucháis, pero no tenéis lo que deseáis, porque no pedís. Pedís, y no recibís, porque pedís mal, para gastar en vuestros deleites. ¡Oh almas adúlteras! ¿No sabéis que la amistad del mundo es enemistad contra Dios? Cualquiera, pues, que quiera ser amigo del mundo, se constituye enemigo de Dios. ¿O pensáis que la Escritura dice en vano: El Espíritu que él ha hecho morar en nosotros nos anhela celosamente? Pero él da mayor gracia. Por esto dice: Dios resiste a los soberbios, y da gracia a los humildes. Someteos, pues, a Dios; resistid al diablo, y huirá de vosotros. Acercaos a Dios, y él se acercará a vosotros. Pecadores, limpiad las manos; y vosotros los de doble

ánimo, purificad vuestros corazones. Afligíos, y lamentad, y llorad. Vuestra risa se convierta en lloro, y vuestro gozo en tristeza. Humillaos delante del Señor, y él os exaltará.

Por años, La Lupe buscó infructuosamente un gran amor. ¡Cuán difícil debe ser para una mujer exitosa encontrar un amor verdadero! ¡Cuán difícil es encontrar a alguien que nos ame a pesar de nuestros defectos, que no nos explote, y que no abuse de nosotros!

A pesar de los pesares, la historia de La Lupe tuvo un final feliz. A pesar de su inmensa pobreza, Lupe Victoria Yolí Raymond finalmente encontró ese gran amor. Siguiendo los consejos bíblicos, Lupe Victoria Yolí Raymond se humilló delante del Señor. Su conversión al evangelio de Jesucristo, que fue vista con gran escepticismo, le permitió conocer el inmenso amor de Dios. Al final de sus días, La Lupe estableció una relación con Jesús de Nazaret, quien la amó, la respetó y la restauró.

Quizás usted, que lee estas cuartillas, puede identificarse con esta historia. Quizás usted también anda buscando llenar un vacío existencial. Quizás usted también desea encontrar un gran amor. Quizás, quizás...

Permítame, pues, presentarle el amor de Dios encarnado en la figura de Jesús de Nazaret. El versículo 19 del capítulo cuatro de la Primera Epístola del Apóstol Juan dice: «Nosotros le amamos a él, porque él nos amó primero.» Del mismo modo, Romanos 5.7 al 8 dice: «Ciertamente, apenas morirá alguno por un justo; con todo, pudiera ser que alguien tuviera el valor de morir por el bueno. Pero Dios muestra su amor para con nosotros, en que siendo aún pecadores, Cristo murió por nosotros.»

Jesús le amó primero, dando su vida por usted en la cruz del Calvario. Jesús promete amarle como nadie le ha amado jamás. Jesús nunca le engañará, nunca le explotará y nunca abusará de usted.

Sin embargo, el amor de Jesús no es enteramente gratuito. Al igual que la canción reseñada arriba, Jesús también le pide que corresponda a su amor. Amor con amor se paga. Respondamos, pues, al inmenso amor que Dios nos ha mostrado en Cristo Jesús. Amén.

13

Salsa, religión y cultura
A manera de conclusión

Hace varios años, un compañero de rumbas me pidió que le comprara su quinto y su tumbadora. Éstos eran instrumentos finos, hechos a mano por un artesano boricua. Mi amigo estaba tan desesperado que me estaba ofreciendo los instrumentos por una cantidad irrisoria. Curioso, le pregunté por qué deseaba deshacerse de sus timbas. El joven me contestó: «Porque están endemoniadas.»

Debo confesar que mi primera reacción fue reír de buena gana. Sin embargo, pude contenerme. Mi amigo estaba visiblemente alterado. Era evidente que lo que para mí era un chiste para él era una crisis.

El joven percusionista llevaba dos o tres meses en la fe. Asistía a una de las primeras «mega iglesias» que hubo en Puerto Rico. Por esta razón, apenas había hablado con el pastor y no había tomado clases de bautismo o feligresía. Mi amigo me explicó que el artesano que había hecho su quinto y su tumbadora era santero. El hombre acostumbraba dedicar todos sus instrumentos a su «orisha», esto es, a su «santo». La lógica llevó a mi amigo a deducir que el tambor, que había sido dedicado a un espíritu santero, estaba poseído por el «orisha».

De primera intención, pensé comprarle los instrumentos. Empero, la conciencia me mordió una y otra vez. Entonces tomé mi Biblia y leí en voz alta Marcos 7.15, que dice: «Nada hay fuera del hombre que entre en él, que lo pueda contaminar; pero lo que sale de él, eso es lo que contamina al hombre.»

Al igual que los discípulos de Jesús que escucharon estas palabras por primera vez, mi amigo no comprendió el texto. Entonces procedí a leer la aclaración que hace Jesús en los vv. 20 al 23 del mismo capítulo:

> Pero decía que lo que sale del hombre, eso contamina al hombre, porque de dentro, del corazón de los hombres, salen los malos pensamientos, los adulterios, las fornicaciones, los homicidios, los hurtos, las avaricias, las maldades, el engaño, la lujuria, la envidia, la calumnia, el orgullo y la insensatez. Todas estas maldades salen de dentro y contaminan al hombre.

Basado en estas palabras de Jesús, le indiqué que las timbas no podían contaminarlo, aunque el artesano les hubiera «echado el santo». Le dije que las usara sin temor para tocar en la Iglesia, consejo que siguió. Ese día, mi amigo aprendió que lo que contamina el alma y el corazón no viene de fuera. No. El peligro viene de adentro.

I. La Salsa como «locus teologicus»

La frase latina «locus teologicus» se refiere a un tema válido para la reflexión teológica.[1] Los temas teológicos tradicionales son las diferentes doctrinas cristianas, tales como la cristología (la reflexión sobre la persona de Jesucristo); la pneumatología (el estudio del Espíritu Santo); y la eclesiología (el análisis de la Iglesia), entre otros.

Sin embargo, éstos no son los únicos temas que merecen ser examinados a la luz de la fe. La Biblia nos enseña que la vida diaria, en todos sus aspectos, es un «lugar teológico» sobre el cual debemos reflexionar de manera informada por la fe cristiana.

Son muchos los textos bíblicos que demuestran este punto. Uno de los más conmovedores se encuentra en el capítulo 24 del Evangelio según San Lucas. A partir del versículo 13 encontramos la historia de una pareja de discípulos de Jesús que, sacudidos por su muerte en la cruz, decidieron abandonar a sus compañeros y a sus compañeras en la fe. Mientras caminaban de regreso a casa, un extraño se les apareció y les preguntó por qué estaban tan tristes (v. 17). Los discípulos le respondieron con violencia (vv. 18-24). No obstante, el extraño comenzó a explicarles, a la

Salsa, religión y cultura 97

luz de las Escrituras, que la muerte de Jesús había tenido sentido (vv. 25-27).

Al llegar a su pueblo, llamado Emaús, los discípulos le insistieron al forastero que se quedara a pasar la noche con ellos (28-29). Sentados a la mesa, el extraño tomó un pedazo de pan, lo bendijo, lo partió y se los dio (v. 30). Los discípulos reconocieron esta acción (v. 31-35). Recordaron que Jesús había hecho algo similar cuando multiplicó los panes (Lucas 9.16). También había hecho gestos parecidos la noche antes de su muerte (Lucas 22.19). Los discípulos no sólo pudieron recordar, sino que también pudieron reconocer al extraño. Era Jesús.

Francis A. Schaeffer, un teólogo evangélico radical del siglo XX, afirmó en su libro *True Spirituality*[2] que la historia de los caminantes a Emaús es el mejor ejemplo o paradigma de la espiritualidad cristiana. La verdadera espiritualidad consiste en comprender que Dios está con nosotros, aquí y ahora, en nuestro diario caminar. La espiritualidad cristiana enseña que si abrimos nuestros ojos veremos al Cristo resucitado caminando a nuestro lado.

Esto es similar a la idea que plantea María Pilar Aquino en el artículo que publicó en el libro *From the Heart of our People*.[3] La teóloga México-americana afirma que lo cotidiano—la vida diaria—es un tema válido para la reflexión teológica. Por un lado, la vida diaria es el lugar donde ponemos en práctica las ideas que decimos tener. Es decir, lo cotidiano critica nuestras creencias y nuestros valores. Por otro lado, la vida diaria es el lugar donde expresamos nuestra fe. El pueblo expresa su fe por medio de su cultura. Dicho de otro modo, la cultura popular encarna los valores del pueblo. De aquí se desprende que la música tropical, como parte integral de la cultura de nuestros pueblos caribeños, expresa las ideas, los valores y hasta la fe de nuestra gente. Como cualquier otra expresión artística del pueblo, la Salsa comunica valores importantes, tales como cuál es su definición de belleza (su sentido estético), el valor del ser humano (su significado antropológico) y su visión del futuro (su esperanza escatológica).

Creo que este libro demuestra que la Salsa—como producto cultural—es un espacio válido para examinar parte de los valores y de la fe de los pueblos caribeños a la luz de la teología cristiana. La Salsa—como cualquier otra expresión artística del pueblo—también es un «locus teologicus».

II. Cristianismo salsero

En su libro *El Espíritu liberador*,[4] Eldin Villafañe afirma que la fiesta es parte integral de la personalidad del pueblo hispano. Este teólogo pentecostal puertorriqueño, que ha desarrollado la mayor parte de su carrera educativa y ministerial en el noreste de los Estados Unidos, afirma que los pueblos hispanoamericanos usamos la fiesta como un instrumento para resistir la opresión creada por las personas y los sistemas que nos oprimen. La fiesta es una mezcla de música, baile, comida, amistades y familia.

Villafañe afirma que, en el fondo, las celebraciones religiosas del pueblo latino son fiestas. Del mismo modo, toda fiesta «secular» tiene algún sentido religioso, dado que la fiesta busca la comunión con los demás, y por lo tanto, con Dios mismo.

En su libro *A Prayer For The City*, Villafañe va más lejos, describiendo lo que el llama en inglés «Salsa Christianity», es decir, el «cristianismo salsero».[5] Su argumento parte de la premisa que los ritmos musicales tropicales que componen el género de la «Salsa» son una mezcla de ritmos africanos, europeos e indígenas. La Salsa es una fusión de ritmos resultado del mestizaje que creó nuestros pueblos latinoamericanos.

Al igual que la Salsa, la Iglesia latina en los Estados Unidos representa una mezcla o mestizaje de colores, tradiciones y compromisos de varios grupos nacionales. La Iglesia también es la expresión religiosa del mestizaje de nuestro pueblo. Por esta razón, Villafañe afirma que el cristianismo hispano, particularmente Nueva York y sus territorios vecinos, es un «cristianismo salsero».[6]

Villafañe refuerza su argumento indicando que basta visitar cualquier congregación de habla hispana en Nueva York—particularmente las pentecostales—para darse cuenta que el culto es una fiesta espiritual y que la música que acompaña los cánticos usa los ritmos y los instrumentos de la Salsa. El piano, la guitarra, el bajo, la tumbadora, el bongó, el timbal, la batería, la campana, el güiro y las maracas acompañan los cánticos en ritmo de bolero, guajira, son, montuno, cumbia, merengue, plena, cha-cha-chá y guaguancó.

Villafañe continúa rompiendo terreno cuando usa el «Jazz Latino»[7] como una metáfora para exhortar a la comunidad hispana, tanto creyente como secular, a tender puentes que la hermanen a la comunidad afro-americana. Como bien explica Puente en el libro de Steven Loza, el Jazz Latino surge como resultado de la interacción entre músicos latinos y afro americanos. Puente recuerda que muchos clubs nocturnos, como el Palladium, alternaban noches de Jazz con noches de música latina. Algunos músicos latinos, entre ellos Mario Bauzá, tocaron con famosas orquestas de Jazz como la de Cab Calloway. Chano Pozo, el legendario percusionista cubano, grabó el número «Manteca» con la orquesta de Dizzy Gillespie. El mismo Dizzy grabó con la orquesta de Machito. Poco a poco, las relaciones musicales e interpersonales entre músicos de estas comunidades minoritarias transformó el género del Jazz, creando así el Jazz Latino. La influencia de la música latina transformó el Jazz y la influencia del jazz transformó la música latina.

Villafañe afirma que, del mismo modo, la Iglesia de habla hispana en los Estados Unidos debe relacionarse con las congregaciones afroamericanas. Estos contactos transformarán nuestra manera de hablar sobre el racismo, crearán una nueva generación de líderes, nos ayudarán a confesar los pecados que nuestras respectivas comunidades han cometido contra los otros grupos minoritarios y nos ayudarán a celebrar tanto nuestras características distintivas como las que tenemos en común. Villafañe compara esta celebración con el Jazz Latino que hermana a las comunidades latinas y afro-americanas.

Los escritos de un teólogo tan distinguido como Villafañe reafirman la tesis central de nuestro libro. *La Salsa, como expresión de la cultura popular de los grupos étnicos caribeños, es un espacio válido para la reflexión teológica y pastoral.*

III. Lo que contamina

Esto no quiere decir que todas las canciones de Salsa tienen el mismo valor. Hay números, compositores, orquestas y hasta períodos de la música latina que ofrecen poco material para la reflexión. Uno de los períodos más pobres fue el dominado por la llamada «Salsa erótica» o «Salsa sex»—que los salseros «hardcore» llamamos la «Salsa monga». Esta música comercializada dejó mucho que desear tanto en términos culturales como musicales. Era un verdadero tormento escuchar las letras misóginas que con descaro le pedían a las mujeres que «no tuvieran tanta prisa en llegar» hasta «aquel viejo motel».

Por eso, en este libro nos hemos limitado al análisis de temas «clásicos» de la Salsa. El filósofo alemán Hans-Georg Gadamer, en su libro *Verdad y método*,[8] afirma que un libro «clásico» tiene la capacidad de invadir nuestro «mundo». Todo texto propone una manera de comprender la realidad. El mundo conceptual que propone el texto se entrelaza con nuestra manera de comprender el mundo. Gadamer describe este encuentro entre el mundo del texto y el mundo del lector como una «fusión de horizontes».

Mutatis mutandi, podemos decir algo similar sobre las canciones populares clásicas. Cada cual describe una experiencia (es decir, propone un «mundo») particular. Al escucharlas, relacionamos nuestras experiencias personales y sociales con las que narra la canción. Poco a poco, nos identificamos con la letra y con la música. Esto explica por qué nuestras canciones favoritas siempre nos recuerdan un momento particular de nuestras vidas. Nuestros temas favoritos son el «soundtrack» de nuestras vidas.

Usted acaba de leer ensayos sobre algunas de las canciones que han marcado momentos claves de mi vida. Con toda seguridad, usted también tiene sus canciones favoritas; temas musicales que evocan un momento en el tiempo. Espero que este libro le anime a examinar el significado de esas canciones a la luz de la fe cristiana. Del mismo modo, espero que ese examen le permita abrir sus ojos para ver al Cristo resucitado que está a su lado, aquí y ahora, en el día a día de la vida cotidiana.

Bibliografía selecta

Álvarez, Juan Manuel. *Sentimiento tú: Historias cortas y cancionero de Tite Curet y Cheo Feliciano.* Caracas: Por el autor, 2002.

Calvo Ospina, Hernando. *Salsa: Esa irreverente alegría.* Tafalla: Editorial Txalaparta, 1996.

Calzadilla, Alejandro. *La Salsa en Venezuela.* Caracas: Fundación Bigott, 2003.

Figueroa Hernández, Rafael. *Ismael Rivera: El Sonero Mayor.* San Juan: Editorial Instituto de Cultura Puertorriqueña, 2002.

Guadalupe Pérez, Hiram. *Historia de la Salsa.* San Juan: Editorial Primera Hora, 2005.

Leymarie, Isabelle. «Salsa and Migration» en *The Commuter Nation: Perspectives on Puerto Rican Migration,* editado por Carlos Antonio Torre, Hugo Rodríguez Vecchini y William Burgos. San Juan: Editorial de la Universidad de Puerto Rico, 1994, pp. 343-361.

Loza, Steven. *Recordando a Tito Puente: El rey del timbal.* New York: Random House, 2000.

Lucca, Carmen D. *La Sonora Ponceña al compás de una vida: Enrique Lucca, en su propia voz.* New York: The Poet's Refuge, 2007.

Moreno-Velázquez, Juan A. *Desmitificación de una diva: La verdad sobre la Lupe.* San Juan: Editorial Norma, 2003.

Quintana, José Luis «Changito» & Silvermann, Chuck. *Changuito: A Master's Approach to*

Timbales. Miami: Warner Bros Publications, 1998.

Quintero Rivera, Ángel G. *Salsa, sabor y control: Sociología de la música tropical*. México: Editorial Siglo XXI, 1998.

Puente, Tito & Payne, Jim. *Drumming with the Mambo King*. New York: Hudson Music, 2000.

Rodríguez Juliá, Edgardo. *El entierro de Cortijo*. San Juan: Ediciones Huracán, 1991.

Rondón, Cesar Miguel. *El libro de la Salsa: Crónica de la música del Caribe urbano*, Tercera Edición. Barcelona: Ediciones B, 2007.

Torres Torres, Jaime. *Cada cabeza es un mundo: Relatos e historias de Héctor Lavoe*. San Juan: Editorial El Yunke, 2003.

Villafañe, Eldin. «Salsa Christianity: Reflections on the Latino Church in The Barrio» en *A Prayer for the City: Further Reflections on Urban Ministry*. Austin: Libros AETH, 2001, pp. 35-51.

Notas

[1]Garret, Green, «Loci Theologici» en *The Westminster Dictionary of Theology,* editado por Alan Richardson y John Bowden (Philadelphia: The Westminster Press, 1983), 337-338.
[2]Francis A. Schaeffer. *True Spirituality* (Carol Stream, IL: Tindale House Publishers, 1979).
[3]María Pilar Aquino, «Theological Method in US Latino Theology» en *From the Heart of our People,* editado por Orlando Espín y Miguel H. Díaz (Maryknoll, NY: Orbis Press, 1999), 38-39.
[4]Eldin Villafañe, *El Espíritu liberador: Hacia una ética social pentecostal hispanoamericana* (Grand Rapids, MI: Nueva Creación, 1996), 22-25,
[5]Eldin Villafañe, «Salsa Christianity: Reflections on the Latino Church in The Barrio» en *A Prayer for the City: Further Reflections on Urban Ministry* (Austin: Libros AETH, 2001), 35-51.
[6]Ibid, pp. 44-45,
[7]Eldin Villafañe, «A "Latin Jazz" Note: Hispanic and African-American Reconciliation», *A Prayer for the City,* 53-61.
[8]Para una introducción a este tema, véase a Pablo A. Jiménez, "Hermenéutica pastoral en el contexto de la predicación", *Misión Evangélica Hoy* 13 (2004): 19-29. Para un análisis más profundo, véase a Hans-Georg Gadamer, *Verdad y método: Fundamentos de una interpretación filosófica,* (Salamanca: Ediciones Sígueme, 1977).

www.ingramcontent.com/pod-product-compliance
Lightning Source LLC
LaVergne TN
LVHW051504070426
835507LV00022B/2923